青少年百科知识文库

未解
之谜 · 宝藏悬谜

UNSOLVED MYSTERY

司马袁茵◎编著

河南人民出版社

图书在版编目（CIP）数据

宝藏悬谜/司马袁茵编著．--郑州：河南人民出
版社，2014.11
　（青少年百科知识文库．未解之谜）
　ISBN 978-7-215-09060-6

　Ⅰ．①宝．Ⅱ．①司．Ⅲ．①文物-考古-世界-青少年读物
Ⅳ．①K86-49

中国版本图书馆CIP数据核字(2014)第258373号

设计制作：崔新颖　　王玉峰
图片提供： fotolia

河南人民出版社出版发行
（地址：郑州市经五路66号　　邮政编码：450002　电话：65788036）
新华书店经销　　永清县晔盛亚胶印有限公司 印刷
开本 710毫米×1000毫米　　　　1/16　　　　印张 9
字数 128千字　　　插页　　印数 1-6000册
2014年11月第1版　　　　　　2015年4月第1次印刷
定价：29.80元

目录 CONTENTS

Part ❶ 海盗与宝藏

Part ❷ 皇室奇宝

Part❸ 玄秘珍宝

Part④ 水下奇宝

Part 1

海盗与宝藏

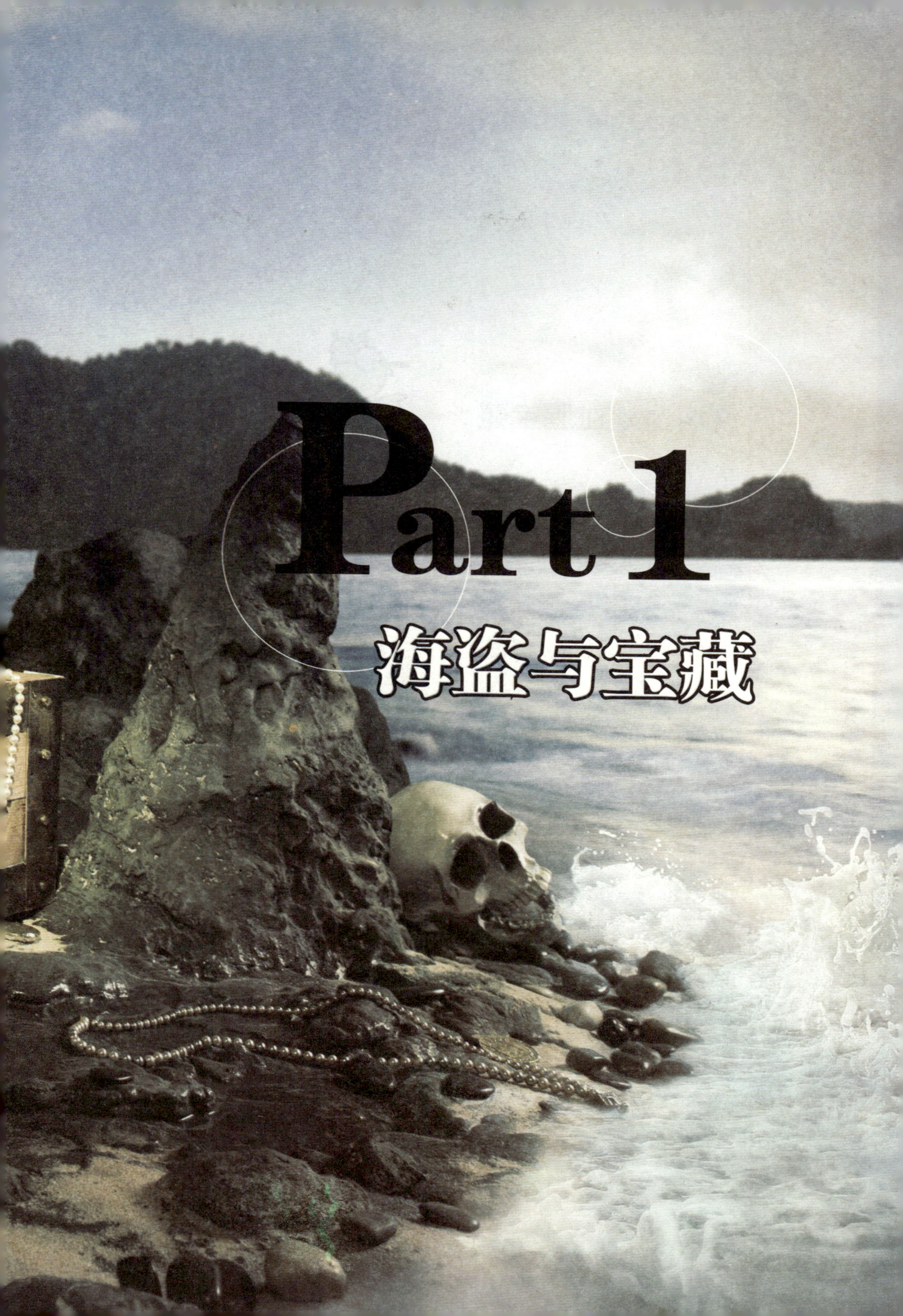

丹漠洞遗址血腥宝藏

　　丹漠洞被称为爱尔兰最黑暗的地方，因为这个洞穴记录了一次惨无人道的大屠杀。公元 928 年，挪威海盗来到爱尔兰，对基尔肯尼附近一带进行洗劫。当时居住在丹漠洞附近的居民为了逃命，在海盗袭来的前几个小时集体躲到洞中。丹漠洞是一个巨大的溶洞，洞里地形复杂，有连串的小洞穴一一相连，避难的人认为这是绝佳的藏身之地。他们幻想海盗抢完能抢的东西后就会离开。然而丹漠洞的入口太过明显，海盗很快发现了洞中藏人的秘密，一场血腥的大屠杀开始了。海盗进入洞里，把所有发现的人都杀死，估计有 1000 多人，然后守在洞口半个月，没有被当场杀死的人后来都因感染疾病而死或者被饿死了。

　　之后将近 1000 年，丹漠洞成了爱尔兰的"地狱入口"，再没有一个人敢进入洞中。直到 1940 年，一群考古学家对丹漠洞进行考察，仅仅在一个小洞穴里就发现了 44 具骸骨，多半是妇女和老人，甚至还有未出世的胎儿的骨骼。骸骨证实了丹漠洞曾经的悲剧，1973 年这里被定为爱尔兰国家博物馆，每年迎接无数游客前来纪念那些惨遭屠杀的人。

　　然而，丹漠洞的故事到这里还没有结束。1999 年，一个导游的偶然发现证实，这里不仅是黑暗历史的纪念馆，沉默的洞穴中还隐藏了永恒的宝藏。

1999 年冬天，一个导游准备打扫卫生，因为寒冷的冬季是旅游淡季，丹漠洞将关闭一段时间。他准备仔细清理游客留下的垃圾，所以去了很多

↑ 丹漠洞

平时根本不会去的洞穴。在一个离主路很远的小洞里，导游突然看到一块绿色的"纸片"粘在洞壁上，他以为那是一张废纸。走上前去，赫然发现那根本不是什么纸片，而是什么东西从洞壁的狭缝中发出闪闪绿光。导游用手指往外抠，结果抠出一个镶嵌着绿宝石的银镯子！

诚实的导游马上将情况报告政府，在接下来的 3 个月里，爱尔兰国家博物馆的工作人员从那个狭缝中挖出了几千枚古钱币，还有一些银条、金条和首饰，另外还有几百枚银制纽扣。这些东西应该是当时躲藏的人随身携带的。也许为了让财物更安全，他们把值钱的东西集中，然后藏在一个隐蔽的小洞里，甚至把衣服上的银纽扣都解了下来。海盗之所以屠杀所有的人，也许和没能发现这些财宝有关。由于在潮湿的洞里待了1000 多年，挖出来的东西都失去了金属原有的夺目光彩。国家博物馆的几十个专家工作了几个月才让所有艺术品和钱币重现光彩。

丹漠洞遗址宝藏是爱尔兰最重要的宝藏，被收藏在国家博物馆，一直没有完全对外展示过。虽然宝物数量不是最多，但其历史价值和考古价值远远超过其本身价值。考古人员说，有一些工艺品和纽扣的样式十

分古怪，在所有和海盗有关的文物中都是独一无二的。在丹漠洞中被杀害的人现在可以安息了，他们为之丧命的财宝现在成了爱尔兰的国宝，将永远聆听世人的惊叹和赞美。

丹漠洞遗址宝藏因为其独一无二的血腥背景和考古价值排在世界十大宝藏的第六位。

罗亚尔港的海盗宝藏下落之谜

16世纪,中、南美洲是西班牙的天下,殖民强盗搜刮了大量金银财宝,一船船运回欧洲。在入侵西半球方面,英国落后西班牙一步,除了控制北美洲北部地区以外,很难染指西班牙的势力范围。心理不平衡的英国嫉妒西班牙抢到的巨额财富,就怂恿海盗专门袭击西班牙的船只,并为之提供庇护所。与此同时,欧洲一些亡命之徒沦为海盗,在美洲沿海抢劫过往商船,特别对抢劫西班牙皇家的运金船更感兴趣。英国政府当时专门辟出英属殖民地牙买加岛东南岸的罗亚尔港作为海盗的基地,罗亚尔港于是成为历史上海盗船队的最大集中地。

罗亚尔港公开身份是牙买加首府,非正式身份是海盗首都,海盗抢夺来的金银珠宝在这里堆成山,一船船金子有的时候都轮不到卸船,只有停放在港口里等候。这里是人类历史上最邪恶的城市,也是最堕落的城市,虽然只有几万人生活在这里(其中大约6500人是海盗),但城市的奢侈程度远远超越当时的伦敦和巴黎。整个城市没有任何工业,却可以享受最豪华的物质生活。中国的丝绸、印尼的香料、英国的工业品一应俱全。当然最多的还是金条、银条和珠宝。

1692年6月7日,中午时分,忽然大地颤动了一下,接着是一阵紧过一阵的摇晃。地面出现巨大裂缝，建筑物纷纷倒塌。土地像波浪一样在起伏，地面同时出现几百条裂缝，忽开忽合。海水像开了锅，激浪将港内船只悉数打碎。穿

↑ 牙买加罗亚尔港

金戴银的人在屋塌、地裂、海啸的交逼下疯狂奔走，企图找一个庇身之所。11 时 47 分，一阵最猛烈的震动后，全城 2/3 没于海水底下，残存陆地上的建筑物也被海浪冲得无影无踪。

罗亚尔港从此消失在大海中，直到 1835 年，在风平浪静的日子里，人们仍能清楚地看见海底城市的痕迹，一些沉船、房屋依稀可辨。当时测量，沉城处于海平面之下 7 到 11 米。再以后泥沙和垃圾层层覆盖，罗亚尔港在人们的记忆中湮灭了。

牙买加独立以后，政府一直没有放弃寻找这个海葬城市。1959 年，牙买加政府和海下考古学家罗伯特·马克思签订挖掘条约。条约规定马克思只负责挖掘，而挖出的所有财宝都归牙买加政府所有。之后，马克思找到了一部分城市遗址，并挖出了价值几百万美元的珠宝和大批生活用品。其中最有历史价值的是一只怀表，表针指向 11 时 47 分，由此确认了古城沉没的时间。而最有趣的是一尊没有头的雕像，专家研究证实这是中国人信奉的观音。4 年以后，马克思以"再也挖不到财宝"为由离开牙买加。所有的人都不相信罗亚尔港只有这一点财宝，但谁也猜不

出马克思离去的真实原因。

　　1990 年，美国得克萨斯州 A & M 大学接到牙买加政府的邀请，再次开始罗亚尔港的挖掘工作。A & M 大学的专家们准确找到罗亚尔港的主要沉没地点，他们发现当年马克思挖出来的宝藏只是非常小的一部分，99% 的宝藏还沉在海水里。现在罗亚尔港宝藏的寻找工作还在继续，不过牙买加政府没有决定打捞已经发现的物品和金银。没有人知道这个被海葬的海盗首都到底还能给人类带来多少惊喜。

海盗"钱坑"宝藏下落之谜

名作家马克·吐温在《汤姆历险记》中描述说，海盗的宝藏都是装在破木箱里，埋在老橡树下，半夜时，这棵树的树枝阴影所落下的地方就是藏宝地，这类情景几乎就是"钱坑"宝藏的再版。

1795年10月，三位少年登上离加拿大仅4.83公里处的橡树岛旅游，他们发现朝海一面的大片红橡树林中突然出现空旷地，地中间独立长着一棵古橡树，树枝上似乎挂过一个古船的吊滑车，正下方有一个浅坑，根据迹象判断，这里可能埋有海盗的宝藏。

原来，橡树岛在17世纪时是海盗出没之地，有一个著名海盗叫威廉·基德，1701年他在伦敦被处决，临死前提出一个交换条件：若他能免一死，愿告诉一个埋宝地方。但他被遭到拒绝，连同那个宝藏一道被送进阴间。三位少年开始挖掘，发现那坑像个枯井，每隔3米就碰到一块橡木板，最终毫无结果。

1803年，又一群人继续挖掘，当挖到27.4米深时，发现了一块刻有神秘符号的石板，经专家破译，意思是：在此下面12.2米埋藏了2000万英镑。人们欣喜若狂，他们一边抽水一边挖掘，一天晚上用标杆探底时，在30米深处触及到类似箱子的硬物，当即大伙谈起了宝藏分配，可是第二天，人们惊讶地发现，坑内积水已达 18.2 米深，于是希望成为泡影。

仍不死心的掘宝者又陆续做过 15 次挖掘，耗资 300 万美元。在 1850 年时，人们又有个奇怪的发现，退潮时，"钱坑"东面 152.4 米处海滩上不断冒出水，犹如吸满水的海绵不断受挤压一样，同时又发现了一套精巧复杂的通向"钱坑"的引水系统，它们使"钱坑"变成一个蓄水坑。

于是人们作出一个推论：海盗将钱坑挖得很深，然后从深处倒过来挖出斜向的侧井，宝藏可能离"钱坑"几百米远而埋在斜井尽头，离地面不过 9.1 米深，这使海盗们可以迷惑掘宝者而自己又能轻易挖出宝藏。

1897 年人们又在 47.2 米深处挖出一件羊皮纸卷，上用鹅毛笔写着二封信，有的人还挖出了铁板，这些发现更使人相信：海盗们埋了一笔巨大财富。20 世纪时人们估计有 1000 万美元，在 60 年代，便传说有 1 亿多美元了。

在挖掘"钱坑"时，曾有一个传说：必须死掉 7 个人才能揭开其秘密，到目前，已有 6 人在企图到达坑底途中丧生。看来，真正秘密的揭开已为期不远了。

现在，一个由加拿大和美国人组成的联合公司正在对"钱坑"进行前所未有的大规模发掘，在岛中心投资 1000 万美元钻了一口巨井，高达 20 层楼，并在其他地方钻了 200 个洞，有的达 50.3 米深，已接近岩层；钻头从地下带出了金属制品、瓷器、水泥等物，这家公司格外卖力，计划再挖一口直径为 24.4 米、深 61 米的大井，并预备了足够的抽水泵，看样子，他们准备将橡树岛翻个底朝天。原来，他们推测可能有几十亿美元埋在地下，这大概是力量和耐心的真正源泉。

海盗拉比斯的藏宝之谜

有一个外号叫拉比斯的法国大海盗，当他走上断头台将被处决之际，突然向蜂拥而来观望的人群扔下了一份密码信，同时大声喊道："我的财宝属于能读懂它的人！"

拉比斯的真实姓名叫奥里维尔勒瑟，17世纪末生于法国。1721年4月，他伙同英国海盗泰勒，成功地捕获了一艘带有17门大炮的葡萄牙船只"卡普圣姆"号。船上还有两位显要人物：印度洋总督埃里塞拉伯爵和果阿大主教。据说，拉比斯当时显得颇像一位风度翩翩的绅士，他没有向总督和主教勒索巨额赎金，只是霸占了"卡普圣母"号船只，拿走了船上的钻石项链、首饰、珠宝匣、金条、银锭、衣料、家具和圣器，其总价值可相当于300亿旧法郎。

1729年前后，拉比斯改名换姓在马达加斯加沿岸从事领航工作。可是，印度洋公司船只"美杜莎"号船长埃尔米特认出了他，于是设法逮住了他。经法国特别刑事法庭审判，拉比斯犯有海盗罪，被判死刑，并决定于1730年7月7日下午5时在波旁岛对拉比斯执行处决，他在被处决前一刹那间"公开了"他的秘密藏宝，从而使历史上出现了一起典型的令人难以捉摸的藏宝悬案。

　　拉比斯肯定把他的财宝隐藏起来了，但是，这笔巨宝究竟藏在什么地方呢？从字面上逐字逐句译出来拉比斯的密码信并不是十分困难。人们感到译文的意思太晦涩，实在令人费解。另外还发现了一份海盗的字谜文件。不过，这份字谜即使根据"所罗门密码手册"也几乎解不出其中的奥秘。而且，据传说，有一个外号叫比坦，真实姓名叫贝尔纳坦·纳热翁·德莱斯坦的人，他父亲是印度洋公司船队的军官。据有关研究比坦的遗嘱和信件的寻找藏宝的行家们认为，在比坦的财宝中至少有一笔是拉比斯的藏宝。

　　比坦在给他兄弟埃芬安的信里写道："我毕生的梦想就是积聚一笔财富，以便重振我们的家族。但是，上帝不让我实现这一心愿，我觉得自己离死已经不远。你要发誓，亲爱的埃芬安，一定要完成我的意愿……有三笔财宝，其中埋藏在我亲爱的法兰西岛（即毛里斯）上的一笔尤为可观。按照将转交给你的这些文件的指示，你将会找到装满金币和3万

← 金币

根金条的 3 个大铁桶和坛子，以及一个装满印度维萨布尔和戈尔康达出产的钻石的铜箱。"

在给他侄儿的信中，比坦写道："爬上朝东的峭壁，在东边 25 步到 30 步的地方，按文件的指示，你将发现海盗们为建立一个俱乐部所做的标记。有一条河流就在这块地方离中心几米远处。财宝就藏在那里。你将会看到，有一个密码图案，它通过奇特的组合会显示出两个缩写字母名字 B.N……法兰西岛上的第二笔财宝藏在岛的北部，带有同样的标记。通过解破画谜，按照文件指示，你也将会找到这笔财宝。藏在罗德里格岛上的财宝也是这样。"

20 世纪初，在法兰西岛的一座住宅里，有人在砍倒一棵大树时，在树根之间发现了一块大理石石板，上面写道："我的财宝就在这里。有一棵树，在西北 6 法尺处，您将碰上一块石头。石头的深度跟我的财宝的入口处相同。从西南走 30 法尺，您将看到在 6 法尺深处有一块铜板。拿到这块铜板的人将会长时间地歌唱。署名：卡隆·德·布拉吉尔。"

藏宝寻找者们按照这些奇特的指示，果真发现了铁球、石头和铜板。但是，在这块铜板上写满了谁也读不懂的密码。于是，只好用船把这块铜板送往欧洲，以便请人把它译出来。遗憾的是，这块铜板在途中却丢失了！

所有这一切，无疑都是颇有诱惑力的，但是，也足够令人绞尽脑汁的。这也可能是一些藏宝寻找者，为了增添拉比斯藏宝的神秘色彩，故意杜撰或篡改了一大堆杂乱无章的文件。总之，拉比斯的财宝是否仍藏在什么地方，还是已经被发现、被挪用或被转移，迄今谁也说不清楚。

可可岛上的宝藏之谜

自从 1535 年西班牙殖民头子弗朗西斯科·皮萨罗占领秘鲁直到 1821 年秘鲁独立，利马始终都是南美西班牙殖民地总督的驻地。当年，殖民军到处大肆杀害印第安人，并从他们那里搜刮了大批金银饰物聚敛到利马，然后定期装船运回西班牙。所以，利马号称富甲南美洲，甚至吹嘘连大路都是由"金银铺砌而成"。科克伦勋爵在海上击溃了西班牙

↑ 利马城

人的三桅战舰"埃斯梅拉达"号和其他几艘战舰。圣马丁将军英勇善战，也很快就逼近利马城下。龟缩在利马城中的西班牙达官贵族们惶惶不可终日，再也没有了往日的威风，纷纷准备逃离利马。当然，他们舍不得把多年来敲骨吸髓掠夺到的财宝丢掉，至少也要把能带走的东西带走。但是，当时只剩一条海路可以逃出利马，而可以横渡大海去西班牙的就只剩下爱尔兰船长汤普逊的一条富丽堂皇的双桅横帆帆船"玛丽·迪尔"号私船了。而且，汤普逊这时也准备起锚以避开迫在眉睫的最后决战。于是，利马的西班牙达官贵族们不惜用重金租下了"玛丽·迪尔"号帆船。他们整整花费了两天的时间，把城里几乎所有能带走的贵重物品都装上船，其中有属于私人财产的杜卡托（威尼斯古币）、金路易（法国古金币）、皮阿斯特（埃及等国古金币）、首饰、珠宝、金银餐具，以及教堂里的各种圣物盒、金烛台和祭仪用品，还有珍贵图书、档案和艺术珍品等。

在"玛丽·迪尔"号满载着乘客和贵重物品起航后，汤普逊船长就决定不将此船开往预定的目的地——加的斯（西班牙港口）或任何其他西班牙港口。其实，汤普逊原先也并不是一个海盗，但是他被装在自己船上的这些无法估价的财宝弄得完全神魂颠倒了。

汤普逊驾驶着帆船径直朝北驶去。一天晚上，他终于在自己船员们的协助下，残酷地把船上的乘客统统扼死后扔进了大海。"玛丽·迪尔"号从此成了艘名副其实的海盗船。汤普逊经过一番考虑，决定将船开往可可岛。这主要是因为几个世纪以来，可可岛与世隔绝的地理位置有助于摆脱任何海上监控和追踪，成为南美洲海盗们一个颇有吸引力的避风港。汤普逊将船上的主要财宝小心翼翼地埋藏在可可岛之后，毁掉了"玛丽·迪尔"号帆船，与船员们分乘小艇去了中美洲。他们谎称在海上遇到了无法抗拒的狂风暴雨，船触礁沉没了。但是，尽管汤普逊大肆宣扬了很久，他的海盗行为还是被完全识破了。他的同伙们在酷刑下供出了实情，并受到了惩罚。

汤普逊在临死前也许为了摆脱良心上的谴责，决定向自己的好友基廷透露可可岛上的藏宝秘密。他给了基廷一份平面图和有关藏宝位置的资料。

基廷按照汤普逊所说的，先后3次登上可可岛，带回了价值5亿多法郎的财宝。但是"玛丽·迪尔"号船上的主要财宝却始终没能找到。后来，基廷又将可可岛的秘密告诉了好友尼科拉·菲茨杰拉德海军下士。由于这位海军下士太穷，没有钱找到一条船，所以一直没能去可可岛。菲茨杰拉德临死前，决定将自己知道的藏宝情况告诉曾经救过自己性命的柯曾·豪上尉。不过，柯曾·豪上尉也是由于种种原因，没有去成可可岛。就这样，有关可可岛上藏宝的资料年复一年地遗赠着、传递着，后来还被盗窥过、交换出售过。在澳大利亚悉尼的"海员和旅游者俱乐部"里，保存着一封菲茨杰拉德根据基廷提供的情况写成的一份资料，描述了几名探宝者潜入水中，却一无所获的经过。

1927年法国托尼·曼格尔船长从悉尼"海员和旅游者俱乐部"复制了这份资料。他带着得到的这些资料，曾于1927年和1929年两次去可可岛上寻找藏宝。托尼·曼格尔发现，汤普逊标出的有关藏宝位置的数据是错误的。汤普逊是在1820年埋藏这笔财宝的，他当时用的是一个八分仪，这种八分仪在1820年就被回收不再使用了，因为它有很大偏差。托尼根据1820年到1823年的航海仪表资料校正了汤普逊的数据。托尼认为，汤普逊的那笔财宝就埋在希望海湾南边和石磨岛西北边的海下。托尼·曼格尔在那里还确实找到了一个在落潮时近一个小时里可以进入的洞穴，然而，由于他"犯了一个不谨慎的错误，是独自一人去可可岛的"，而在那个地方，水流特别急。正当他在水中竭力排除洞外杂物时，越来越多的水涌到了洞口，差一点把他淹死。他拼命挣扎了半天总算回到了岸上。他以为"这是对藏宝寻找者的诅咒"，从此再也不敢去那里冒险了。

功夫不负苦心人，1931年，一个比利时人叫贝尔曼，他根据托尼·曼格尔的资料，在希望海湾找到了0.6米高的金圣母塑像。这尊金圣母塑像被贝尔曼在纽约以11000美元的价钱卖掉了。

随着时间的推移，有关可可岛藏宝的资料越来越多，而且都自称是可靠材料。美国洛杉矶一个有钱的园艺家詹姆斯·福布斯拥有第三份平面图。他曾经带着现代化的先进器材5次去过可可岛，遗憾的是，最终一无所获。

当年利马城里的无价之宝究竟藏在哪里呢？也许它们仍然沉睡在可可岛上某个神秘的角落。只有展翅雄鹰的锐利目光才能透过岛上谜一般的"红土"和"黄沙"，看到这笔藏宝寻找者们的梦中之宝。

Part 2

皇室奇宝

图特卡蒙陵墓中的无价之宝

　　图特卡蒙陵墓的发现是世界考古工作成功的顶峰，也是考古史的重要转折点。所有出土文物超过 10000 件，每件都是无价之宝。卡特花费 3 年的时间把它们全部运出墓室，当时挖掘人员从墓的出口抬出女神哈托尔牛头灵床的镜头已经成为考古史上无法超越的经典；埃及政府又花费了整整 10 年的时间把它们运到开罗，开罗博物馆之前的所有藏品都因之黯然失色；而彻底研究它们可能需要未来人类全部的时间。文物无可比拟的历史价值

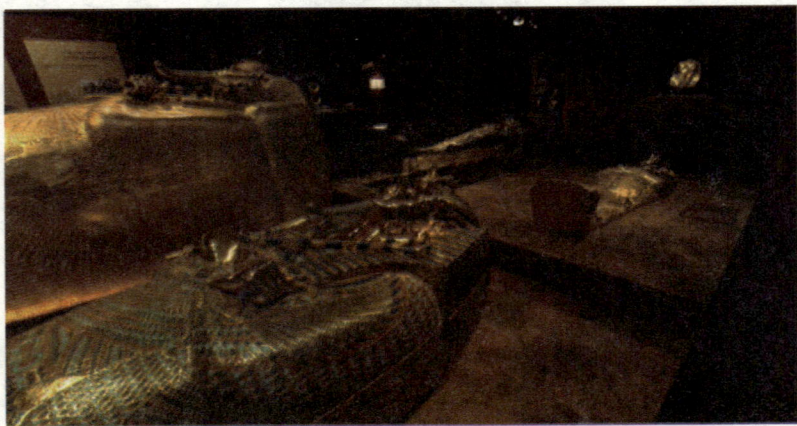

← 图特卡蒙陵墓中的珍宝

和所蕴涵的谜团使图特卡蒙陵墓排在世界十大宝藏的第一位。

埃及的帝王谷位于尼罗河西岸的沙漠中，古埃及首都设在底比斯以后，大多数法老都埋葬在这里。1900 年左右的时间里，几乎所有帝王谷里的陵墓都被发现了，考古学家和盗墓者在这方面平分秋色。但是仍然有许多人在帝王谷里转悠，他们都是在寻找传说中王图特卡蒙的陵墓。

图特卡蒙是 3300 多年前的一个年轻的埃及法老，他曾在黄金雕制的御座上管理着庞大帝国。他的统治是短暂的，在 18 岁时突然死去。在埃及漫长的法老时代中，图特卡蒙因为在位时间短而名不见经传，他的猝死也使得他没有事先修建豪华金字塔陵墓。

正是这样的不起眼，他的陵墓在很长时间里都没有被发现。

考古学家霍华德·卡特熟读古埃及历史，认为图特卡蒙陵墓是他毕生的梦想。1903 年起，他就带领助手在帝王谷的每一寸土地上搜索，经过 19 年的努力，1922 年 11 月 5 日，他终于找到了图特卡蒙陵墓入口。它竟然位于另一个著名的法老拉美西斯六世的陵墓下面，开凿于岩石内。

这是 3300 年来唯一的一个完好无缺的法老陵墓，也是埃及现在最豪华的陵寝，更是埃及考古史乃至世界考古史上最伟大的发现。卡特以前认为这个年轻法老的墓葬品会特别的简单，谁知之后长达 3 年时间的挖掘向全世界证实了这种预想的愚蠢性。卡特说过，图特卡蒙一生唯一出色的成绩就是他死了并且被埋葬了，这话是有道理的。因为其陵墓的发现成为古代文明对现代人类最彻底的一次震撼和嘲笑。那个成为埃及文明象征的纯金面具，那个纯金制成的棺材，那个由纯金雕制镶满宝石的王位，那些铺满墓室墙壁的纯金浮雕，那具完整无缺的木乃伊……所有一切都让人类惊叹，3300 年前埃及人的工艺技巧和现在的我们到底有什么不同？

英国王室"帝国之冠"上的巨钻

英国王室是现存最古老的王族，而每代君主的加冕仪式都严格奉行完全一样的传统，这使得英国王室的加冕典礼成为现存的、依然举行的最古老的仪式。在加冕仪式上，国王或者女王头戴的王冠和手持的权杖都成为全球瞩目的焦点。

为了使王冠和权杖成为世界上独一无二的权力象征，历代王室想尽办法收集钻石和珠宝，认为稀世的钻石最能体现王室尊贵。长达几个世纪收集钻石的历程逐渐形成世界上最有名的家族珍宝。早期那些伟大英王和王后佩带过的王冠已经找不到了。国王及其亲属为了发动战争、重建毁于大火的王宫和举办王室婚礼，不得不卖掉了许多珍宝。在中世纪，国王通常在作战时带上御宝，因为他们不信任留在宫中的皇亲国戚。1648 年英国爆发的反王权运动对英国王室冲击极大，很多珍贵王冠和权杖流失了。1660 年英王室复辟以后，开始大规模的重新制作王冠和权杖的工程，从那时到现在，很多稀世珍品都被保存了下来。随着王室的发展，从 18 世纪开始，英王室有了专用的珠宝工匠，他们用非凡的技艺制作出最精美的首饰。

王室成员都习惯于把珠宝换来换去。本来是镶嵌在爱德华国王十一世入棺时所戴戒指上的一枚蓝宝石，如今却闪耀在"帝国之冠"上，这顶王冠上还镶有两串珍珠，据报道，那正是苏格兰女王玛丽 1587 年被斩首时戴的项链。19 世纪的君主维多利亚女王尤其热衷于收藏珠宝，从帝国各地搜罗来的奇珍异宝令她陶醉不已。她的珍品中包括一枚拇指大小的印度钻石，名叫"光明之山"，是现今发现的最古老的钻石，于 1304 年发现于印度，原重 191 克拉，后来维多利亚女王嫌它光泽度不好要再加工，它被磨得只剩 108.93 克拉。正是这枚被镶嵌在女王王冠上的钻石激发了威尔基·科林斯的灵感，写出《月亮宝石》这部经典作品。

1905 年南非发现了重达 3106 克拉的钻石原矿，新开通的跨大西洋电缆将消息迅速传遍全球，当时宝石界行家就估计原矿的价值高达 75 亿美元。由于南非当时是英国的殖民地，大家一致认为应把它运往伦敦，献给国王爱德华七世。这件举世无双的珍品引起世界各地珠宝大盗想入非非，有关人员花了几个月时间考虑如何保障运输安全。最后，伦敦警察厅决定，最佳原则是"越简单越安全"。大如茄子的钻石被装进一个没有任何标识的包裹中邮寄了出去，一个月后出现在白金汉宫的皇家邮袋里。1908 年 2 月 10 日，这颗巨钻被劈成几大块后加工。加工出来的成品钻总量为 1063.65 克拉，全部归英王室所有。最大的一颗钻石取名为"库里南 1 号"，也被称做"非洲之星"，重 530.02 克拉。第二大的被命名为"库里南 2 号"，重 317.4 克拉。现在鸡蛋大小的"非洲之星"被镶嵌在英王的权杖顶端，权杖上还有 2444 颗钻石。鸽子蛋大小的"库里南 2 号"被镶嵌在英王室最重要的王冠"帝国王冠"上。

俄罗斯的无价钻石库

　　18世纪初，彼得大帝颁布了一道保护珍宝的专项命令，要求国人不准随便变卖室中的珍贵珠宝和首饰，一定重量以上的钻石和珠宝必须由皇家收购。另外，彼得大帝还在世界范围内搜索钻石珠宝，很多小国得知他的心头所好，都把本国最好的珠宝亲手献上，希望因此得到庇护和福祉。

　　彼得大帝在自己居住的圣彼得堡东宫内修建了一座神秘建筑物，所有收集到的珠宝都被珍藏在里面，世人称之为钻石库。彼得大帝之后，最痴迷于收集珠宝的是女皇叶卡捷琳娜二世。她对钻石的痴迷程度几近疯狂，每天都佩带价值连城的钻饰，而且花样经常翻新。她对钻石切割和镶嵌的工艺要求极高，俄国历史上最出色的钻石切割专家就是在叶卡捷琳娜二世时期出现的。曾经有个皇宫卫士壮着胆子称赞女皇的钻饰漂亮，他就被升官至侍卫总管。大小官员于是都把进献钻石当成最直接的升官途径。一次女皇过生日，结果在收到的上万件生日礼物中有超过一半是钻石。女皇的钻石不仅镶嵌成首饰，就连她日常用的东西都要镶满钻石。她有一本17世纪的《圣经》，银制的封面上就镶嵌了3017颗钻石。

　　在几代皇室不停收集下，俄国的钻石库成为珍贵钻石最集中的地方。最出名的是"奥尔洛夫"钻石，这是目前世界第三大钻石，重189.62克拉。

17世纪初，在印度戈尔康达的钻石砂矿中发现一粒重309克拉的钻石原石，这颗美妙绝伦的钻石后来做了印度塞林伽神庙中婆罗门神像的眼珠。1739年，印度被波斯国王攻占之后，这颗钻石又被装饰在波斯国王宝座之上。之后钻石被盗，落入一位亚美尼亚人手中。1767年，亚美尼亚人把钻石存入了阿姆斯特丹一家银行。1772年钻石又被转手卖给了俄国御前珠宝匠伊万。伊万于1773年以40万卢布的价格又把钻石卖给了奥尔洛夫伯爵。同年，奥尔洛夫伯爵把钻石命名为"奥尔洛夫"，并把它奉献给叶卡捷琳娜二世作为她命名日的礼物。尔后"奥尔洛夫"被焊进一只雕花纯银座里，镶在了俄罗斯权杖顶端。有着传奇经历的钻饰使权杖的威严令人震慑，"奥尔洛夫"成为钻石库中最重要的藏品之一。

除了"奥尔洛夫"之外，钻石库中世界级的钻石还有很多。"保罗一世"

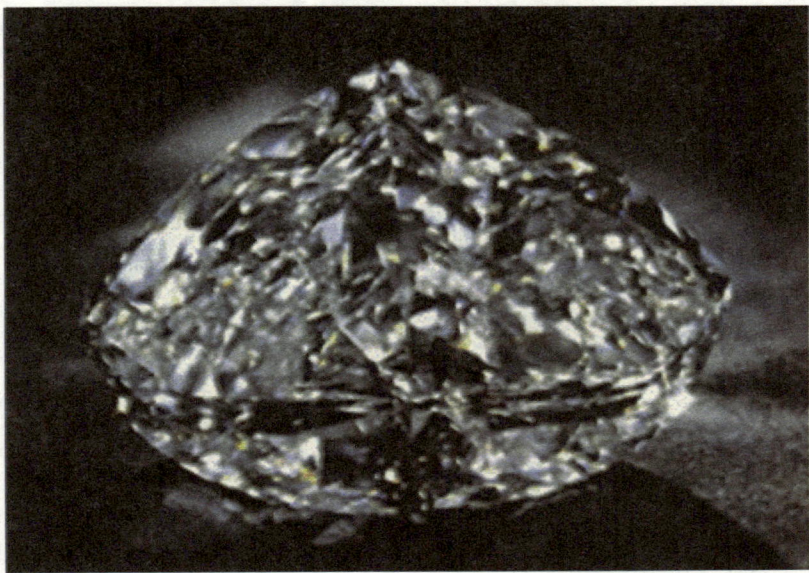

← 奥尔洛夫钻石

重 130.35 克拉，这颗紫红色美钻曾经镶嵌在印度皇冠的中央，后来被彼得大帝拥有。"波斯沙皇"重 99.52 克拉，曾镶嵌在波斯国王的王冠上，后来为沙皇文狄拥有。"沙赫"虽然只重 88.7 克拉，但是它是世界上唯一一颗刻字的大钻石。钻石最初也是在印度被发现的，先后被两位印度国王拥有，然后辗转到波斯国王手中。钻石的 3 个晶面上分别刻有 3 个国王的名字，每次转手到新主人手中，都会被刻上新主人的名字。要知道钻石极为坚硬，要想在上面刻字难度惊人。宝石工匠从钻石上磨下一些极细的粉末，再用尖尖的细棍蘸取这种粉末给这颗钻石刻字。3 次刻字之后，"沙赫"的重量从发现时的 95 克拉变为 88.7 克拉。1829 年，俄国驻波斯大使被人刺死，沙皇威胁要报复。为了平息沙皇的怒火，波斯王子霍斯列夫·密尔查率代表团到圣彼得堡谢罪。王子送给沙皇一件宝物，就是这颗饱经沧桑的"沙赫"。它的价值在当时看来相当于两个国家之间的一场战争。此后，"沙赫"一直保存在俄国。

单颗巨大钻石已经令世人惊叹，由几千颗钻石镶嵌成的流光溢彩的大皇冠简直是钻石的荟萃。它是 1762 年由宫廷珠宝匠为叶卡捷琳娜二世加冕而专门制作的，上面十几颗最重要的钻石分别是从当时欧洲国王的王冠上拆下来的。工匠在皇冠上镶嵌了 4936 颗钻石，共重 2858 克拉，整个王冠重 1907 克。皇冠顶端是世界上最重的尖晶石，重 398.72 克拉。长期以来宝石专家都认为这是一颗红宝石，后来才发现原来是稀有的尖晶石。目前这颗尖晶石是俄罗斯"必须保护的七颗宝石"之一。

钻石库的珍宝现在已经无法用市场价格来衡量，它成为俄罗斯国家财富的象征，但即便是皇室珍宝，也有流离坎坷的时候。1914 年第一次世界大战爆发后，沙皇立即下令把这些珍宝从东宫转移到莫斯科克里姆林宫。在转移途中，由于走漏消息，有很大一部分珠宝流失。据一种说法，大约 75% 的零散钻石和宝石流入民间。

  保留下来的钻石库在克里姆林宫的地下室里尘封了 8 年。1922 年前联国家委员会对这些珍宝作了鉴定，并决定由国家珍宝馆保存，现在由俄罗斯国家贵重金属宝石管理委员会管理。虽然遗失了不少珍宝，但钻石库里还有 25300 多克拉的钻石、1700 克拉大颗粒蓝宝石、2600 克拉小粒蓝宝石、2600 克拉红宝石和许多又大又圆的优质精美珍珠。

伊凡雷帝书库之谜

　　位于俄罗斯首都莫斯科的克里姆林宫在世界建筑群中堪称是一颗闪亮的明珠，它始建于 1156 年。据说它的地下宝藏就是从那时积累起来的。一些科学家们也确信，在克里姆林宫地下宝藏中隐藏着在若干个世纪中遗失或隐藏的财宝。但遗憾的是，克里姆林宫的地下宝藏至今也没有显现在人们眼前。

　　20 世纪 30 年代，在斯大林的号召下，为了反对宗教，克里姆林宫的一座修道院被夷为平地。在拆毁修道院时，人们发现了埋藏在地下的 17 世纪的金高脚酒杯。随后装修克里姆林宫时，又发现了 13 世纪的珠宝、15 世纪的军火、16 世纪和 17 世纪的 3000 多枚硬币。难道这些就是传说中的地下宝藏？就只有这一点点？提起克里姆林宫的地下宝藏，人们更关心的是伊凡雷帝的书库到底有多少藏书量。

　　1533 年，年仅 3 岁的伊凡雷帝即位。1547 年 1 月 19 日，举行了隆重的加冕仪式。他在位期间，颁布了一系列新法，改革地方行政制度和军事机构，对以前加封的封邑公爵、世爵封建主、大贵族进行镇压，"雷帝"的称号由此而来。他的改革，为巩固中央集权国家的专制政权起了重要的作用。他的书库是从祖父莫斯科大公伊凡三世和祖母索菲娅·帕妮奥洛克丝那里继承来的。索菲娅是东罗马帝国的末代皇帝君士坦丁鲁斯十一世的侄女，她离开东罗马时，从帝国的皇家图书馆带走了不少珍贵的书籍。伊凡三世曾托付马克西姆·克里柯将所藏的图书编个目录，而编目工作是否完成了，那些书籍究竟藏在克里姆林宫的什么地方，这些外人都无从而知。16世纪的文献《里波利亚年代记》中有这样的描述："德国神父魏特迈曾见过伊凡雷帝的藏书，它占据了伊凡雷帝书库地下室的两个房间。"可奇怪的是，其他文献资料中却没有有关伊凡雷帝书库的记载。

19世纪末，克里姆林宫古玩器类权威、历史学家扎贝林，曾听一位官员说，他在造币厂的文书保管所里见过一本奇怪的书，书中的记载是好多年以前的事。其中有这样一件事：1724年，彼得大帝决定迁都彼得堡，

← 克里姆林宫

把莫斯科作为陪都。这年12月，一个在教会工作的名叫奥希波夫的人来到彼得堡，向财务管理部门提交一份报告，谈到莫斯科克里姆林宫的地下有两个秘密房间，房间的铁门上贴了封条，还加了大锁，里面好像放了许多大箱子。那时，有关部门立即着手调查，但很快被制止。9年后，奥希波夫再次请求调查，尽管全力以赴，仍没有发现什么迹象。苏联科学院的索伯列夫斯基院士认为，奥希波夫虽然失败了，但不能断言伊凡雷帝书库就不存在。

现在，对书库有如下几种说法：有人说，这些书全部被移到莫斯科大主教的图书馆里，后来又散失了；有人说，克里姆林宫发生火灾时，这些书可能被烧毁了；有人说，书还存放在克里姆林宫城下，还需要进一步探索。也许随着时间的推移，伊凡雷帝书库之谜就会真相大白。

所罗门财宝下落之谜

　　所罗门统治时期，是以色列—犹太王国手工业、商业，特别是对外贸易的全盛时期，被古代一些史籍描写成犹太人历史上的"黄金时代"。在古代一些文艺作品和历史传说中，所罗门往往被说成"理想国王"、"贤明统治者"。其实他是一个极残暴的君主，对周围地区征收繁重的赋税，实施强迫劳役，命令人民在耶路撒冷锡安山上建造豪华的宫殿和神庙。《圣经》记述了所罗门建造耶和华神庙的情况："所罗门定意要为耶和华的名建造比宇，又为自己的国建造宫室。所罗门就挑7万扛抬的、8万在山上凿石头的，3600名督工的。"

　　整个工程费时7年，这个神殿坐西朝东，长200米，宽100多米，建筑结构严谨，造型美观，内部装饰极为华丽。这个神殿成为古犹太人宗教和政治活动的中心，教徒们都去那里朝拜和献祭敬神。"亚伯拉罕圣岩"围在神殿中央，是一块花岗岩，它由大理石圆柱支撑着，下面的"岩堂"高达30米。"岩堂"里设有祭坛，坛上存放着刻有"摩西十诫"的石块的圣箱，"摩西十诫"又叫"耶和华十诫条"，耶和华是犹太教的教神。在圣箱内，除存放着这些戒条外，还收藏着"西奈法典"。圣箱是用黄金制的，称为"耶和华约柜"，也叫做"黄金约柜"，它被古代犹

↑ 君士坦丁大帝雕塑

太人视为关系着犹太民族兴衰存亡的"镇国宝物"。所罗门在"亚伯拉罕圣岩"修建有地下室和秘密隧道。据说所罗门把大量的金银珠宝存放在秘密隧道和地下室里，这就是历史上举世闻名的"所罗门财宝"。

公元前538年，波斯国王居鲁士攻占巴比伦城后，释放了被囚禁在巴比伦的犹太人，约4万多犹太人趁机回到耶路撒冷，重建了耶路撒冷神庙。从公元前4世纪起，马其顿、托勒密、塞琉古诸王国相继侵占耶路撒冷，他们都曾想方设法寻找"所罗门财宝"和"黄金约柜"，可是，结果都不知其下落。

公元前63年，罗马军队攻占耶路撒冷后，巴勒斯坦属于罗马帝国的一个行省。公元1至2世纪罗马帝国统治时期也曾经千方百计地去寻找"所罗门财宝"和"黄金约柜"，也同样不知其踪影。

罗马皇帝君士坦丁（公元306年～337年），大力提倡基督教，在耶路撒冷神殿废墟上建造了基督教大教堂，在"亚伯拉罕圣岩"上建造了祭坛。后来在耶路撒冷神殿断垣残壁的地址上建立起城墙，成为伊斯兰圣地西墙的一部分。犹太人把这一段墙称为"哭墙"，每星期五，都有人到"哭墙"去表示哀悼和进行祈祷。犹太教、基督教和伊斯兰教都奉耶路撒冷为"圣地",三个教的教徒们都把寻找"所罗门财宝"和"黄金约柜"作为自己的神圣历史使命之一。公元11世纪至13世纪,十字军东征时,许多人拥进耶路撒冷,四处寻找,可是没有人能找到"所罗门财宝"和"黄金约柜"。

2000多年来,直至现代,寻找"所罗门财宝"和"黄金约柜"的活动一直未曾停止过。20世纪初,先有英国的几个冒险家,潜入耶路撒冷城内,事先用金钱贿赂守夜人,在夜深人静时悄悄进入神殿,撬开圣岩边的石板,挖掘泥土,把挖出的泥土运到墙外,直到快天亮时,把原来撬开的石块照原样盖好,不留痕迹,天亮前他们悄悄地溜走。这样,一直秘密地连干了7个晚上,洞越挖越深,却毫无发现。到第八天清早天快亮时,他们的秘密活动被伊斯兰教徒偶然发觉了,附近的教徒们被喊声惊醒,纷纷手持匕首、木棍等多种武器跑出来抓贼,那几个冒险家被吓得慌忙逃跑。事后,教徒们知道了守夜人接受英国冒险家贿赂的真相,于是极端气愤地用石头把守夜人砸死了。从此以后,教徒们夜晚加强了对神殿的守卫。

有些人认为,"所罗门财宝"和"黄金约柜"很可能早在距今约2000多年前,即在公元前586年新巴比伦王国军队攻入耶路撒冷城之前,就已经转移到"尤安布暗道"里隐藏起来了。

尤安布暗道,有一段很古老的来历,据说,早在3000多年前(约公元前11世纪),耶路撒冷被外来民族以布斯人侵占了,所罗门的父亲大卫率领犹太部落去围攻耶路撒冷城的以布斯人。由于耶路撒冷城墙高耸,以布斯人防守严密,大卫久攻不下。一天夜里,大卫部下一个名叫"尤安布"的军官感到口渴,他从营地来到城边河谷底,发现一个洞窟里涌出泉水,并听到洞里传出阵阵用铅桶打水的声音,他感到很奇怪,钻进洞窟一看，只见一个系着绳子的铅桶正在洞窟深处往上升，他想了想，就明白了：由于耶路撒冷城里很缺水，以布斯人从城内挖了一条长长的地道通到城外的河谷底，每天深夜，以布斯人经过这条地道来到这里汲水。尤安布立即回军营向大卫报告他发现了一条进入城内的暗道。随后，他带领一支军队悄悄地进入城边河谷底的洞窟，经过暗道进入城内，杀死守夜的哨兵，打开城门，迎接大卫军队进城，打败了城内的以布斯人，这样，大卫就很快地占领了耶路撒冷，并把它定为以色列—犹太王国国都。

由于这条暗道是尤安布发现的，立了大功，所以后人把它简称为"尤安布暗道"。《圣经》里曾提到尤安布暗道攻入城内，打败以布斯人的故事，但没有写明暗道在哪里。到所罗门继任国王时，在耶路撒冷锡安山上建造豪华的宫廷和耶和华神殿，并在亚伯拉罕圣岩下面修建了地下室和秘密隧道，而据传说，所罗门的秘密隧道与上述"尤安布暗道"相通。

德尔巴哈里群王墓宝藏之谜

　　世界上的许多遗址是逃不过盗墓者的眼睛的。德尔巴哈里的集体墓葬最早就是由盗墓贼阿卜德艾尔拉苏尔发现的。最初，拉苏尔只把秘密透露给家里的几位主要成员，要他们庄严宣誓，保证把全部财宝留在原地不动，作为全家存在银行里的一笔资产，根据需要随时取用。但是6年之后，拉苏尔亲自把这个秘密说了出来。

　　1881年7月5日上午，开罗的埃及博物馆负责保管工作的埃密尔·布鲁格施由一位阿拉伯助手和拉苏尔陪同前往古墓。进入墓地之前，布鲁格施对拉苏尔心存怀疑，当拉苏尔取下肩上的一盘绳索，把一头放进洞口，示意要沿着绳子下去的时候，布鲁格施毫不犹豫地抢先独自下了洞。他紧握绳索，两手交替着逐步下降，心里却在警惕着：谁知道那狡猾的窃贼是不是在弄什么鬼！他当然希望会有重大的发现，但那洞底究竟是什么样子他是完全无法想象的。

　　那竖井约10.7米深，他安全地到达洞底，打开手电，向前走了几步，转了一个大弯，就看到面前摆着几个巨大的石棺。甬道入口处旁侧放着一口最大的石棺，根据棺上的铭文，布鲁格施得知棺里放的是西索斯一世的干尸。1817年10月，考古学家贝尔佐尼到帝王谷时，曾在原葬地到处寻觅这具干尸，但最终也没有成功，原来它藏在这里！布鲁格施为自己的发现兴奋不已，这可是震惊世界的发现！

地洞里很黑，而且地上好像堆满了东西。布鲁格施小心翼翼地用手电照亮其他的地方，他看到了更多的石棺，石棺周围的地上散乱地抛着无数珍贵的殉葬物，有金银饰品，也有珠宝雕塑，在弥漫着死亡气息的黑暗中孤寂了上千年。布鲁格施一边小心地清理身边的东西，一边慢慢向地洞里面走去，最终走到中心墓室。

这个墓室极大，用手电微弱的光亮根本照不到边。墓室内零乱地放置着无数的石棺，有的已经撬开，有的看起来还未开封，保持着原来的样子。每具干尸旁边都无一例外地围绕着大量殉葬用品和饰物。这些静静躺在石棺里的法老们，曾经都是在埃及声名显赫的霸主。置身于这些古代国王的遗体中间，布鲁格施感到了一种从未有过的震慑，加上地洞里的空气不畅，他有种要窒息的感觉。德尔巴哈里有好几个隐藏地，其中第一个隐藏地里安放了著名的拉美西斯二世的木乃伊。接下来的两个隐藏地中，其中一处里面是阿蒙的男女大祭司的木乃伊。这里藏着整整一地窖的法老，他们才是真正的王中之王！如此贴近他们，是布鲁格施想也没有想过的事情。当他看到并摸到这么多历史人物的遗体时，他以为自己在做梦。

进入地洞后，布鲁格施时而手脚并用地爬行，时而起身直立前进，仔细地巡视，生怕错过了任何一具石棺。开始时，他发现了拉美西斯一世（公元前1580～前1555年）的木乃伊，这位法老驱除了野蛮的喜克索斯族的最后一位"游牧国王"，因而名垂史册。布鲁格施还找到了阿门诺菲斯一世（公元前1555～前1545年）的干尸；阿门诺菲斯一世后来成为这片底比斯陵园的守护神。许多石棺里装殓的埃及君主，布鲁格施并不知晓，但他毕竟发现了其中几位最有威望的法老：图特摩斯三世，塞蒂一世，解放者阿摩西斯，征服者拉美西斯二世！多少世纪以来，无须考古学家或历史学家的考据，他们早已遐迩闻名了。

这接二连三的重要发现实在太突然了，布鲁格施拿着手电，有点晕眩，他想，得坐在地上定定神。他还找到了托特密斯三世（公元前1501～前1447年）和拉美西斯二世（公元前1298～前1232年）的干尸，据传犹太和西方世界律法的创始人摩西就是在拉美西斯二世朝中长大成人的。这两位法老在位时间分别为54年和66年，他们不仅是开疆的霸主，而且善于治国，在他们统治时期，埃及是长期稳定的。浏览石棺上的铭文时，布鲁格施看到有一段"干尸旅行"的记载。里面叙述了当年僧侣们如何夜复一夜地奔波于帝王谷里，如何极力保护这些法老的遗骸，以使它们免遭劫掠和亵渎的历史。他想象这些人如何不辞辛苦地把这些石棺从原来的陵寝里依次启出，经过几处驿站运往德尔巴哈里，然后用排列成行的新石棺重新装殓。

显而易见，当年主持这项工作的人们一定是充满恐惧，而且一切都做得极为仓促。有几口石棺卸下以后竟来不及放平，至此仍倾斜着倚在墓室的墙边。后来他在开罗读到石棺上的一些铭文，上面记载了当年僧侣们运送帝王遗骨的始末，读来极为感人。

最后清点结果时发现，集中在这里的木乃伊不下40具。这些当年统治埃及的40个国王无一不被人奉若神明，他们的遗骸经历了历史的变迁，在德尔巴哈里安睡了3000年以后又重新回到了世间，而第一个目睹这些历史遗骸的竟是盗墓者。

拉苏尔为世界发现了奇迹，也改变了自己的人生轨迹，他由先前的盗墓贼发展成为考古学家的合作者，非但没有因为之前的盗窃罪受到惩罚，反而获得了500英镑的奖金，并且被任命为底比斯大墓的卫队长。

"百门之都"底比斯之谜

    在公元前 14 世纪中叶的古埃及新王国时期，尼罗河中游，曾经雄踞着一座当时世界上无与伦比的都城。这就是被古希腊大诗人荷马称为"百门之都"的底比斯。从公元前 2134 年左右，埃及第十一王朝法老孟苏好代布兴建底比斯作为都城，直到公元前 27 年，底比斯被一场大地

← 古埃及

震彻底摧毁时止，在2000多年的漫长岁月里，底比斯在古埃及的发展史上始终起着重要作用。

但后世人对它感兴趣，不仅仅在于底比斯是埃及法老们生前的都城，也是法老们死后的冥府。底比斯横跨尼罗河两岸，位于现今埃及首都开罗南面700多公里处，底比斯的右岸，也叫东岸，是当时古埃及的宗教、政治中心。底比斯的左岸，也叫西岸，是法老们死后的安息之地。底比斯在埃及古王国时期，是一个并不出名也不大的商道中心。通往西奈半岛和彭特的水路，通往努比亚的陆路，都要经过底比斯。底比斯的兴盛是跟阿蒙神联系在一起的。法老孟苏好代布把首都定在底比斯后，又将阿蒙神奉为"诸神之王"，成了全埃及最高的神，从此开始在底比斯为阿蒙神大兴土木。底比斯在古埃及历史上的重要地位就这样被奠定了下来。

到了公元前2000年左右，虽然第十二王朝的开创者门内姆哈特一世曾把首都从底比斯迁到孟斐斯附近的李斯特，但在底比斯仍然为阿蒙神继续兴建纪念性建造物。从公元前1790年到公元前1600年左右，古王国遭到了外族喜克索斯人的入侵。喜克索斯人征服了大半个埃及，最后定都阿瓦利斯，建立了第十五王朝和第十六王朝。底比斯经历了第一次衰落。

埃及人阿赫摩斯一世又在底比斯建立了第十七王朝，并在公元前1580年左右攻占了阿瓦利斯城，把喜克索斯人赶出了埃及，开创了古埃及新王国时代。新王国时期的法老们再次选定底比斯作为埃及的宗教、政治中心。他们发动了一系列侵略战争，掠取了大量财富和战俘，并把底比斯建成为当时世界上最显赫宏伟的都城。他们在东底比斯为阿蒙神和他们自己建起了一座座壮观的神庙和宫殿。

完成于拉美西斯二世的底比斯阿蒙神庙主殿，总面积达5000平方米，有 134 根圆柱,中间最高的 12 根大圆柱高达 21 米,每根柱顶上可以容纳 100 多来人,规模真是大极了,为世界所罕见。另外,像路克索尔寺院、拉美西斯二世宫殿、阿蒙诺斐斯三世寺院等,也都十分庄严宏伟。与此同时,他们又在西底比斯修建了一系列工程浩大的陵墓,其中尤以著名的拉美西斯二世墓和图坦卡蒙墓最为豪华。

但是,鉴于往昔兴建起来的金字塔陵墓太引人注目,虽然防范措施严密,还是未能逃脱盗墓者的侵袭。于是法老们经过反复琢磨,决定不再建造巍然屹立的金字塔陵墓,而是把荒山作为天然金字塔,沿着山坡的侧面开凿地道,修建豪华的地下陵寝。

在西底比斯一个不显眼却又盛产建筑材料石灰岩的山谷里,法老和权贵们为自己修造了一座座陵墓。这个山谷被后人称之为"帝王谷"。

在很长一个时期里,"帝王谷"没有被人发现。但是,随着岁月的推移,这里的陵墓还是神不知鬼不觉地被盗墓者一个个地洗劫一空。不过,有一座法老的陵墓却奇迹般地逃脱了厄运,静悄悄地沉睡了 3300 多年,直到 1922 年才被英国考古学家卡特博士发现。这就是我们在前边提到过的法老图坦卡蒙墓。图坦卡蒙墓之所以能在几千年里没有被人发现,是因为在这座墓的上层,又有许多其他法老的墓,而在地面上贫民们又盖上了许多茅舍。图坦卡蒙的三间墓室里还发现了数不胜数的金银财宝。如果把这些财宝折合成现在的货币至少也有数百亿美元!新王国时期埃及法老们的豪华由此也就可见一斑了。

到公元 19 世纪,只留下一堆废墟的底比斯,成了古墓盗劫者的乐园。在现今埃及的卢克索和卡纳克一带,人们还能见到底比斯遗址的一些断垣残壁。

路易十六的金宝之谜

　　1774 年路易十六登上法国国王宝座时，法国封建制度已危机四伏，新兴资产阶级对束缚资本主义生产关系发展的专制政体日益不满。国内政局动荡，社会极为不稳定。但就是在这种情况下，路易十六仍然四处搜刮金银财宝，过着十分豪华的生活，这激怒了资产阶级和广大人民群众。1789 年由于路易十六召开等级议会，要第三等级即资产阶级和平民交纳更多的赋税，从而引发了资产阶级革命。路易十六极为无能，传说当 1789 年 7 月 12 日人民群众攻克巴士底狱，直到晚上休息时，路易十六尚不得知，仍在日记上写下：7 月 12 日，天晴，平安无事。迫于无奈，路易十六表面上接受立宪政体，实则力图绞杀革命。1791 年 6 月他逃到法国瓦伦，被群众押回巴黎。9 月被迫签署宪法，但仍阴谋复辟。1792 年 9 月路易十六被正式废黜，次年 1 月被处死在巴黎革命广场（即今协和广场）。路易十六的金宝是寻宝史上最著名的财宝之一。关于他的财宝众说纷纭，莫衷一是。至于藏宝地点至少有十几个地方，有的甚至不在法国，而在西班牙。据说，他在行宫卢浮宫曾埋藏着一笔价值 20 亿法郎的财宝，包括金币、银币和一些价值连城的文物。不过，流传最广的还是路易十六隐藏在"泰莱马克"号船上的金宝。"泰莱马克"号是一艘吨位达 130 吨，长 26 米的双桅横帆船。这艘船伪装成商用船由阿德里安·凯曼船长驾驶。1790 年 1 月 3 日，满载财宝的"泰莱马克"号在经塞纳河从法国里昂去英国伦敦途中，在法国瓦尔市的基尔伯夫河下游被潮水冲断缆绳出事沉没。

"泰莱马克"号由一艘双桅纵帆船护航，在港口受到革命者检查时，曾交出一套皇家银器。船上隐藏着路易十六的一批金宝和玛丽·安托瓦内特

← 路易十六

王后的钻石项链。据认为，这艘船上的财宝包括以下东西：属于国王路易十六的 250 万法国古斤黄金；王后玛丽的一副钻石项链，价值为 150 万法国古斤黄金；金银制品有银器以及朱米埃热修道院和圣马丁·德·博斯维尔修道院的祭典圣器；50 万金路易法郎；5 名修道院院长和 30 名流亡大贵族的私财。

这些财宝的确存在，毫不夸张，这已得到路易十六的心腹和朱米埃热修道院一名修道士的证实。一些历史文献和路易十六家仆的一位后裔也认为，路易十六当年确把这笔财宝藏在船上企图转移出国。据说，"泰莱马克"号沉没在基尔伯夫河下游瓦尔市灯塔前 17 米深的河底淤泥里。1830 年和 1850 年，人们都争先恐后地企图打捞这艘沉舟。但是，在打

捞作业中，缆绳都断了，结果沉舟重新沉没到水底。1939年，一些寻宝者声称他们已找到了"泰莱马克"号沉舟的残骸，但没有确切证据表明，他们找到的就是"泰莱马克"号。要找到路易十六的金宝绝不是一件轻而易举之事。

琥珀屋的去向之谜

　　琥珀屋始建于 1709 年，当时的普鲁士国王鲁道夫打算在柏林郊外波茨坦王宫建造一间奢华的琥珀屋。建成后的琥珀屋光彩夺目，面积约 55 平方米，共有 12 块护壁镶板和 12 个柱脚，全都由当时比黄金还贵 12 倍的琥珀制成，总重达 6 吨。

　　1716 年，腓特烈一世为了与俄国结盟，将琥珀屋送给了来访的俄国彼得大帝。彼得大帝原想将琥珀屋安在行宫冬宫里，但还没来得及做就

←　琥珀屋

离世了。这样，琥珀屋也随之被人遗忘。1745 年，彼得大帝的女儿伊丽莎白女皇在察里斯科建了一座豪华的夏宫，1751 年，在对夏宫进行改建过程中，伊丽莎白突然想起了早已被遗忘的琥珀屋。在俄罗斯著名建筑师拉斯托里的监督下，用了一个月时间对琥珀屋进行了改造，使之成为夏宫的一部分。女皇随后将琥珀屋作为举行内阁会议和约会情人的地方。

1942 年，德军入侵苏联后，夏宫的工匠本打算用纱和假墙纸把琥珀屋遮盖起来。但这没有瞒过德国人的眼睛，他们将琥珀屋整个拆下来，装进 27 个柳条箱，准备转移到德国哥尼斯堡的琥珀博物馆。几天后，琥珀屋被打包装上了火车。这是人们知道的琥珀屋最后的下落。

1945 年，苏军攻克哥尼斯堡后，由苏联建筑家、考古专家和将军组成的"琥珀屋秘密搜寻队"拥入哥尼斯堡，对当地的庄园、城堡、贵族豪宅、地下室等可能隐藏琥珀屋的地方进行了仔细搜索，但一无所获。战后，苏联的一个寻找琥珀屋的组织根据一个德国人的指点，在波罗的海中打捞起 17 个箱子，可是，箱内装的不是琥珀屋，而是滚珠和轴承。

在对琥珀屋去向的研究中，迄今最为广泛接受的说法是这些箱子在 1944 年的爆炸中被毁坏了。哥尼斯堡美术馆馆长罗德博士的助手库尔年科证实说，美术馆的所有展品都在苏联红军攻进城前，被德国人烧毁了。

其他人则相信，这些箱子仍然在加里宁格勒（哥尼斯堡的现称）。许多人认为这些箱子被装在一艘船上，沉到了波罗的海的深处，或者仍然在哥尼斯堡某个地下设施里静静地藏着。但是科学家们却对此想法很不屑，他们认为琥珀对湿度和温度的要求较高，因此琥珀屋不能在地下保存至今。

1997 年，一批德国艺术侦探得到消息称，有人试图出卖琥珀屋的一片琥珀，他们突袭了卖主住所，找到了琥珀屋的一片镂花镶嵌板。但这个卖主是一位过世老兵的儿子，他自己也不知道这片琥珀的来历。线索再次中断。最极端的一种猜测则是，斯大林其实拥有两座琥珀屋，德国人偷走的那一座是假货。

60年后的今天，又有两个人提出琥珀屋早已被焚毁的说法。文章被登载在英国《卫报》上，在这个有关琥珀屋命运的新编故事中，主人公是一个名叫阿纳托里·库楚莫夫的艺术史教授。在琥珀屋被纳粹抢走前，他曾在叶卡捷林娜宫担任琥珀屋的守护工作。两名英国记者根据库楚莫夫的日记推断，远在德军将琥珀屋运至德国之前，苏联红军就已经放火焚毁了存放琥珀屋的哥尼斯堡城堡。

重建工作从1979年开始，当时的苏联政府拨800万美元专款重建琥珀屋，共有30名顶尖专家参与重建工程，历时25年完工。为了重现琥珀屋当年的异彩，专家们的工作细微到用放大镜的地步，用了整整6吨的珍稀宝石。

重建工作的负责人说，重建琥珀屋用了整整20多年，其中11年用来研究和重现琥珀屋的老技术。"我们所有的只是一些老照片，我们得从这些老照片中识别出13种不同的琥珀。然后进行对比，最后确定究竟是哪一种琥珀。"

圣殿骑士团的财宝之谜

　　1719 年，法国几个破落骑士，为保护朝圣者，保卫第一次十字军东征中建立的耶路撒冷拉丁王国，发起成立了一个宗教军事修会。由于该修会总部设在耶路撒冷犹太教圣殿，所以叫做"圣殿骑士团"。圣殿骑士团成立后，由于对伊斯兰教徒及基督教徒进行敲诈勒索，加上朝圣者们的不断捐赠，以及教皇给予的种种特权，从而积聚了相当可观的财富。他们拥有封地和城堡，为朝圣者和国王们开办银行，是欧洲早期的银行家。他们生活奢侈，热衷秘术，密谋参与政治活动，终于引起欧洲各国

← 圣殿骑士团

国王和其他修会的不满，被斥为异端。1312 年，罗马教皇克雷芒五世不得不正式宣布解散圣殿骑士团。

据几位历史学家的记载和民间的传说，当圣殿骑士团大祭司雅克德·莫莱在狱中获悉，法国国王要彻底摧毁该修会时，他采取了断然措施，以便保存圣殿骑士团的传统和高尚的基本教义。他把自己的侄儿、年轻的伯爵基谢·德·博热叫到狱中，让伯爵秘密继承了大祭司的职位，要伯爵发誓拯救圣殿骑士团，并把其财宝一直保存到"世界末日"。随后他告诉伯爵说："我的前任大祭司的遗体已经不在他的墓穴，在他墓穴里珍藏着圣殿骑士团的档案。通过这些档案，就可以找到许多圣物和珍宝。有了这笔财宝就可以摆脱非基督教徒的影响。这笔财宝是从圣地带出来的，它包括：耶路撒冷国王们的王冠、所罗门的 7 枝烛台和 4 部有圣·塞皮尔克勒插图的金福音。但是，圣殿骑士团的主要钱财还在其他地方，在大祭司们墓穴入口处祭坛的两根大柱子里。这些柱子的柱顶能自行转动，在空心的柱身里藏着圣殿骑士团积蓄的巨额财宝。"

有人根据当地的传说和发现的圣殿骑士团的神秘符号，认为藏进棺材和箱子里的财宝仍在法国罗纳省博热伯爵封地附近的阿尔日尼城堡里。据称，那里除秘藏着圣殿骑士团的金银珠宝外，还有大量的圣物和极其罕见的档案。

1952 年，对圣殿骑士团神秘符号体系颇有研究的考古学家和密码学家克拉齐阿夫人，在对阿尔日尼城堡进行实地考察后声称："我深信圣殿骑士团的财宝就在阿尔日尼。我在那里找到了可以发现一个藏宝处的关键符号。这些符号从进口大门的雕花板上开始出现起，一直延续到阿尔锡米塔楼，那里有最后一些符号。我认出了一个埃及古文字符号，它表明，除有宗教圣物外，还有一笔世俗财宝。据克拉齐阿夫人说："阿尔锡米塔楼上有 8 扇又小又高的三叶形窗户，只有一扇窗户是用水泥黏合的石头堵塞的。必须开通这扇窗户，并在 6 月 24 日这一天观察射进这扇窗户的光线束。2 点至 3 点的阳光可能起着决定作用，阳光可能将照射在一块会显示出具有决定性符号的石头上。但是，我想只有一个人，一个熟悉内情的人，才会声称发现了秘密的钥匙。"

一位对寻找圣殿骑士团财宝深感兴趣的巴黎工业家尚皮翁，曾经在秘术大师、占星家阿芒·巴波尔和对圣殿骑士团秘术有专门研究的作家雅克·布勒伊埃的指导下，对阿尔日尼城堡进行过发掘，由于对刻在建筑物正面的神秘符号的内涵始终束手无策，结果一无所得。雅克·布勒伊埃在阿尔日尼城考察几年以后还写了一本书，叫做《阳光的奥秘》，书中也表达了跟克拉齐阿夫人类似的看法。

对于圣殿骑士团的财宝是否藏在阿尔日尼城堡，城堡现主人雅克·德罗斯蒙先生是这样认为的："圣殿骑士团秘密口授阿尔日尼城堡原属于雅克·德博热所有。古城堡当年有幸逃脱了美男子菲利普的破坏，因此，圣殿骑士团的财宝可能埋藏在那里。但是，我们既无手段，也没有确切的理由去拆毁我的这座建筑物里那些令人肃然起敬的墙。一些全凭个人经验的人只是想拆墙，但从来也没有发现什么。只有科学探测手段，才可能给予确切的指示。"

法国"寻宝俱乐部"根据最新发现的资料认为，圣殿骑士团的财宝可能不在阿尔日尼，因为迄今并没有找到任何有价值的材料可以确定它们的存在。"寻宝俱乐部"倾向认为，圣殿骑士团的财宝可能隐藏在法国夏朗德省巴伯齐埃尔城堡，因为那里也发现了许许多多令人晕头转向的圣殿骑士团的符号。巴伯齐埃尔城堡四周曾有 3 大坎圣殿骑士团的封地。人们在其中的利涅封地刚刚发掘出一座墓穴，从其中掉下来的一些石头上刻着的符号中可以看出，在圣殿骑士解散以后，有一个卫队曾在那里待过多年，它的神秘使命似乎跟监护埋藏的财宝有关。

据说，圣殿骑士团还有另外一些财宝可能隐藏在法国的巴扎斯、阿让，以及安德尔—卢瓦尔的拉科尔可、村庄附近。在法国瓦尔市的瓦尔克奥兹城堡的墙上也刻着圣殿骑士团的神秘符号，而且也有关于圣殿骑士团把财宝隐藏在那里的传说。据法国历史学家让·马塞洛认为，在法国都兰的马尔什也可能会有圣殿骑士团的藏宝，那里以前曾是圣殿骑士团的"金缸窖和银窖"的所在地。圣殿骑士团的心腹成员知道在需要时如何从中取出必要的钱财，并会按接到的命令把新的钱财重新隐藏起来。总之，人们认为，圣殿骑士团确实把一大批财宝隐藏起来了，但是，究竟藏在什么地方，其谜底也许就像刻在石头上的神秘符号一样令人难以捉摸！

清东陵被盗财宝下落之谜

　　1928 年 7 月 2 日，时任国民党第六集团军第十二军军长的孙殿英，以进行军事演习为名，秘密挖掘了清东陵慈禧墓和乾隆墓，盗取了大批金银财宝，其中最珍贵的当数乾隆墓中的一柄御用的九龙宝剑。这柄宝剑长 1.5 米，剑柄特长，上雕 9 条紫金龙，象征"九五之尊，君临天下"。剑鞘用名贵的鲨鱼皮制成，嵌满了红蓝宝石及钻石。从乾隆墓盗取的宝剑中，据说还有一柄三国时的名将赵子龙用过的宝剑。另外，从慈禧墓

← 清定东陵大门

中盗取的翡翠西瓜、夜明珠和穿满珍珠的绣花鞋等,都是稀世珍宝。但这些财宝后来都下落不明。

孙殿英名叫孙魁元,号殿英。尽管他出身土匪,也没有什么文化,但这样一个能在国民党军中担任较高军职的"不逞之徒"是完全深谙官场门道的。孙殿英最拿手的就是利用各种贿赂为自己升官发财铺路,也为他干下的种种伤天害理的勾当消祸免灾。孙殿英这个兵痞,在被蒋介石收编后不久,就犯下了盗掘清朝皇陵的弥天大罪,一时全国舆论哗然。然而,孙殿英将大量东陵盗宝献给了当时国民党的最高层人士和当朝的权贵。传说孙殿英将盗乾隆墓得到的108颗朝珠中最大的两颗托人送给戴笠,托他将乾隆御用的九龙宝剑献给了蒋介石,慈禧的夜明珠和穿满珍珠的绣花鞋献给了宋美龄。结果,轰动一时的清东陵盗宝案最后不了了之。

作为处理清东陵盗宝案的一个关键人物的徐源泉,当时担任国民党第六集团军总司令,是孙殿英的顶头上司。据了解徐源泉的人说,徐源泉是一个很专横的人,对下属也很苛刻。他手下的12军军长孙殿英在洗劫清东陵之后,人神共愤,遭到了举国上下的一致声讨。据说,作为孙殿英的顶头上司,徐源泉怕蒋介石严惩孙殿英后追究自己的责任,曾为孙殿英暗中向国民党高层人士活动。但是最终使孙殿英逍遥法外的决定因素是因为徐源泉的"斡旋",还是孙殿英自己用东陵盗宝买通了国民党的最高层,尚不得而知。但对于有"救命之恩"的顶头上司徐源泉,孙殿英肯定会投桃报李、有所表示的。民间有一种传说,孙殿英将盗掘得来的部分东陵财宝贿赂给了上司徐源泉。徐源泉便将所得的东陵财宝埋藏在了自家公馆的地下密室中。"文化大革命"期间,有人在武汉新洲徐公馆附近挖出了不少枪支,结果,有关徐公馆藏有巨宝的说法不胫而走。

曾有人在徐公馆附近挖花坛,结果挖出了一条深可过人、内有积水

↑　清定东陵

的地道。由于当时挖开的地道中不断冒出腾腾的白烟，众人怀疑地道下可能有机关和毒气，就没敢下去。据有关媒体报道，为搞清徐公馆的埋宝之谜，1994年，时任新洲文物管理所副所长的胡金豪，专程探访了徐公馆东厢房下的密室。他仔细地清扫了这间仅几个平方米大、空无一物的密室，并细细敲打每一面墙砖，查看里面是否藏有机关。胡金豪发现，密室墙上没有糊上泥巴，有一面墙的砖还参差不齐，似乎墙是临时砌上去的。由于种种原因，他没有作进一步的调查。胡金豪认为，要论定徐公馆地下是否藏有清东陵宝藏，至少还有几点需要核实：孙殿英是否将东陵宝藏送给了徐源泉？徐源泉是否将宝藏埋在了徐公馆地下？从徐公馆建成到1949年徐源泉离开大陆期间，他有没有将宝藏移往他处？而这些在史料上都无记载，所以论断徐公馆埋有东陵宝藏尚为时过早。

慈禧随葬珍宝之谜

同治十二年(1873年),慈禧的陵寝即在清东陵兴建。光绪五年(1879年)六月,慈安与慈禧两陵同时竣工。由于慈禧的陵墓不及慈安陵墓豪华,自光绪二十年始,直至她病亡,历时14年又花巨资,进行了拆修、重建,终于使其陵寝成为清代帝王中最豪华,最富丽堂皇的陵寝。光绪三十四年(1908年),慈禧死后,清王朝对她实行了厚葬,将大量奇珍异宝葬入地宫,其价值可以说是世界上任何帝王都无法相比的。那么,慈禧随葬珍宝究竟有多少呢?

一种记载出自清官档案,按"内务府簿册"载,殓入棺中珠宝玉器有:正珠、东珠、红碧、绿玉、珊瑚寿字、珊瑚喜字、珊瑚雕螭虎、龙眼菩提等朝珠;大正珠、正珠、东珠、红碧、绿玉、珊瑚圆寿字等念珠;绿玉兜兜练;正珠挂纽;

↑ 慈禧

金镶正珠、金镶各色真石珠、金镶珠石、金镶各色真石、白钻石葫芦；金镶红碧正珠、金镶藤、镀金点翠穿珠珊瑚龙头、白玉镶各色真石福寿、绿玉镯；正珠、东珠、金镶正珠龙头等软镯；绿玉、茶晶、白玉皮、玛瑙等烟壶；洋金镶白钻石、洋金镶珠带别针等小表；洋金镶白钻石宝桃式大蚌珠、白玉鱼蚌珠、白玉羚羊等别子；白玉透雕活环葫芦、绿玉透雕活环、珊瑚鱼等佩；汉玉珞、汉玉仙人、汉玉洗器；白玉猫、黄玉杵、汉玉针、汉玉羚羊、雕绿玉扳指；蓝宝石、红碧、紫宝石、祖母绿、茄珠、大小正珠、绿玉、蚌珠、绿玉镶红碧亚等抱头莲；珊瑚绿玉金镶红白钻石等蝙蝠；金镶红白钻石蜻蜓；金镶白钻蜂；红碧、绿玉穿珠菊花；金镶各色珠石万代福寿；金镶钻石等冠口；金翠珠玉等佛手簪；红碧劲、绿玉、珊瑚、红蓝宝石、红白钻石、祖母绿等镏；黄宝石、钻石、红碧、白钻石、大正珠等帽花。

另一种记载出自《爱月轩笔记》，作者为慈禧最宠信的大太监李莲英的侄儿。当年李莲英亲自参加慈禧殓葬仪式，该书记录得比较详尽。据《爱月轩笔记》记载：慈禧尸体入棺前，先在棺底铺上一层金丝镶珠宝锦褥，厚22厘米，上面镶着大小珍珠12604颗，红蓝宝石85块，祖母绿2块，碧玺、白玉203块，在锦褥上又盖上绣满荷花的丝褥一层。上面铺五分重圆珠一层，共计2400粒。圆珠上又铺绣佛串珠薄褥一套，褥上有二分珠1300粒。慈禧尸体入殓前，先在头部放置一个翠荷叶。荷叶满绿，为天然长就，叶筋非人工雕成，甚为珍贵。脚下置碧金玺大莲花，系粉红色，荧光夺目，世上罕见。慈禧尸体入棺后，头顶荷花，脚蹬莲花，寓意"步步生莲"，祈盼亡灵早日进入西方乐土。

以上两种记载，都有根有据。孰是孰非，哪种记载可靠，至今没有定论。

Part 3

玄秘珍宝

印加帝国至宝羊驼织物之谜

当西班牙人在印加帝国的国土上肆虐时，他们抢走了难以计数的黄金珠宝，却由于无知，错过了印加的至宝——羊驼织物。这种织物的原料来源于南美洲独一无二的动物——羊驼。

羊驼是一种体形小巧而修长的动物，与骆驼同属一族，或称美洲驼，由人饲养的历史已有 5000 多年。羊驼是印加人生活的重要部分。牧人

← 印加帝国遗址马丘比丘

↑ 印加羊驼织物

在高山牧场畜养着成群的羊驼，这些羊驼毛大部分被用于制衣。但是，只有得到统治者的允许，才能猎捕那些野性难驯的小羊驼。而且，那些上等的光滑丝质羊驼毛只能用于皇室成员。有时候会为了吃羊驼肉而把羊驼杀掉，或者作为祭品奉献给众神。

　　印加人擅长织布，他们所创制出的布料在欧洲从未有人听说过。印加的织布匠可以用线造出桥，用纤维织出屋顶。印加人利用羊驼的毛织出的一种羊毛织物，极其柔软而华贵，在当时的高原帝国被视为最珍贵的宝物。在安第斯山区，布料就相当于货币。印加的皇帝们也喜欢用织布能手们织出的柔软布料来犒赏忠诚的王公贵族们。他们用柔软细腻的丝绸作为发放给军队的津贴。印加皇帝的织品仓库是如此的珍贵，以至于当印加的军队在战斗中被迫撤退时，他们有意将仓库焚毁。

当时是 1533 年 11 月，弗朗西斯科·皮萨罗率领着他的军队以胜利者姿态踏入印加帝国都城库斯科。这位狡猾的征服者率领着 180 名骁勇的西班牙士兵，伏击并且勒死了印加皇帝。曾经当过猪倌的皮萨罗，面对令人眼花缭乱的战利品，简直难以相信自己的眼睛。他们七手八脚地从太阳神殿上撬下了一块块装饰金板，还把印加君主们木乃伊上覆盖的金制面具和贵重饰品剥下。但是，皮萨罗这伙人却忽略了所有印加珍宝中最神奇的部分，那就是堪称古印加财富根基的羊驼织物。

皮萨罗和他所率的军队漂洋过海而来，就是为了寻求闪闪发光的金银财宝，而并不是冲着织物而来。而接替皮萨罗的总督们也同样没有注意到印加织物的珍贵。在西班牙人征服印加古国后随之而来的混乱和毁灭之中，印加贵族们曾经垂涎的柔软诱人的织物也消失了。与此同时，在偏远的安第斯山谷中，曾经一度因纺织业而繁荣的村庄也坠入了长达 5 个世纪的贫困之中。

印加人传说中的神奇织物似乎永远地淹没在历史的长河里了。但是 10 年前，一位名叫珍·惠勒的美国考古动物学家，在察看一些从美洲大陆被发现之前所留下的、出土于埃尔·雅拉尔村的一些干化的羊驼和美洲驼遗体时，对这个说法提出了怀疑。

当时在埃尔·雅拉尔发现的这些动物遗体保存十分完好，就连它们的睫毛都完整无缺。"简直令人难以置信，"惠勒回忆道，"这些动物价值连城"，当惠勒后来用显微镜仔细察看这些干化动物的皮毛样品时，她发现了更加了不起的地方——和如今秘鲁无所不在的羊驼身上所产出的毛相比，古老的羊驼的毛就像婴儿的头发一样柔软细腻。惠勒就此做出推断，假如秘鲁人能够重新培育出这些古老的羊驼品种来，那么它们所能产出的织品足以和最优质的羊绒相媲美，通过发展这个新的产业，秘鲁人完全可以从现在的贫困状况下解脱出来。

时至今日，秘鲁距离重新孕育出这些上千年的动物品种，或是重新产出能与印加人所织的布料品质相近的织物还有着数年的距离，但是惠勒在利马建立了一座重要的美洲羊驼DNA仓库，除了探求美洲羊驼的神秘起源外，她还设计试验来区分杂交和纯种的羊驼，并构想出一个搜寻控制美洲羊驼产生超细纤维基因的计划。惠勒从每头动物干尸的11个标准点上取下小块的皮毛和纤维，并把它们带到了英国的研究学院。在这里，实验室的研究人员把每块样品上的200根纤维逐个装入幻灯片，用一台投影显微镜来对它们进行测量。当数据打出来时，惠勒不由得大为吃惊。埃尔·雅拉尔的动物颜色和纤维尺寸惊人地均匀。而它们的羊毛细得惊人。有些羊驼的毛纤维具有直径为17.9微米的均匀纤维——这比起现代羊驼的毛来，直径要细上4微米，也就是0.000406厘米。对于毛纺厂来说，纤维越细，纺出的织物就越柔软，其价值也就越高。

惠勒还发现，在今天的秘鲁，美洲驼身上的毛纤维过于粗糙和生硬，几乎很少被用于纺织业，多数的秘鲁人只把美洲驼当作驮畜。但是埃尔·雅拉尔的美洲驼毛却具有如丝绸般柔滑的手感，纤维闪着灿烂的光泽。这些驼多数的毛直径为均匀的22.2微米，和最好的美洲羊驼毛不相上下。不仅如此，惠勒发现，这些古代动物简直就是活的纤维工厂。例如，一头12个月大的美洲驼，已经长出了17.78厘米长的毛——而现代的美洲驼却需要24个月的时间才能达到这样的程度。古代羊驼和美洲驼身上有着如此符合人心意的特质，似乎不太可能是偶然产生的。惠勒相信，早期的印第安人已经开始有选择地培育他们的牧群，以特别供给一种古代的纺织工业的需要。她的这个想法，是因埃尔·雅拉尔和其附近的一个叫做齐里巴亚·阿尔塔的地区的家庭刻意地挑选用来祭祀和埋葬动物的方式而萌生的。这些家庭极少屠宰健康、性成熟的牲畜。相反，他们精选出非常年幼的雄性牲畜用来祭祀，这从牲畜繁殖的角度来讲完全合情合理。

惠勒认为，后来统治这个地区的印加人很有可能同古代的埃尔·雅拉尔的牧羊人一样具有高超的技巧。西班牙人所著的编年史里简短地记录了印加人作为饲者的卓越技能。比如，库兹科的牧师曾要求在不同的祭祀仪式上使用不同颜色的牲畜，这些仪式中就包括在城市的中央广场上将美洲驼慢慢地饿死，这样天上的神明就可以听到它们的惨叫声，把雨施舍给地上的人们。为了给仪式的举办者提供恰如所需的牲畜，印加的饲者们培育出了纯白、纯黑和棕色的牲畜。

西潘王墓室奇宝

　　秘鲁是南美文明古国，境内古文化遗址密布。在秘鲁发现的伟大遗迹有很多，比如说马丘比丘，但是绝大多数遗址都没有宝藏遗留。一方面是因为当时的殖民宗主国西班牙在秘鲁境内翻得底朝天，大部分财宝都被掠夺走了。另一方面，秘鲁民间盗窃文物的现象极为猖獗，当地人只要发现文物马上就一哄而上，一抢而光。

　　西潘王墓室其实就是被盗墓者发现的。1987年前后，国际文物黑市上频频出现的文物显然是来自秘鲁，但是绝对不属于印加文明的文物。敏感的考古学家阿尔瓦博士意识到这些独特的文物表明很可能又有一个重要遗迹被盗了。他和助手火速赶到秘鲁北部奇科拉约附近，一边询问一边搜寻，终于在1988年发现了西潘王墓室。西潘王墓隐藏在一个山谷里，位置很隐秘，周围没有任何显著标志，几乎可以说是很卑微，这成为它一

↑　西潘王墓室

直没有被打扰的原因。墓的入口已经被盗墓者打开，整个墓由大小几十个墓室组成，豪华的墓室和丰富的陪葬品让阿尔瓦博士目瞪口呆。

为了继续保护文物不被盗窃，阿尔瓦博士固执地坚持住在墓里，守住入口直到秘鲁国家文物局的官员到达。当地的农民憎恨阿尔瓦断了他们的财路，在洞口威胁说要把他杀死。幸运的是，文物最终保存完好。在之后的挖掘工作中，阿尔瓦博士挖到了密封的、从未有人进入的西潘王主墓室，他因此也成为世界考古史上的明星。

西潘王是古代莫切人的一位帝王。莫切人生活在公元 100 年到 700 年之间，后来被印加人征服。一直以来，印加文明是秘鲁古代文明的中心，很难想象在莫切人的古迹中却发现了令印加文物都黯然失色的宝贝。

西潘王的墓室里摆满了琳琅满目的陪葬品，西潘王的尸骨放在墓室的最中间，他的手中抓着一个重达 0.5 千克、纯金制成的小铲子。他的头上和前胸覆盖着华丽的金制面具，他手臂的骨骼上挂满精美的首饰，就连他的尸体周围都堆满了数不清的首饰和工艺品。西潘王似乎想把生前收集到的所有财富都带到来生的世界里去。这些还不算全部，最夸张的是，西潘王的四周有几十具陪葬者的尸体，他们中有年轻的女人、侍卫、仆人，而这些人的尸体上无一不是堆满了金银制成的首饰。整个墓穴中，死者的骸骨只是点缀在一堆金银珠宝中的星星白色。阿尔瓦博士说，之前在文物黑市上看到的东西简直没法和西潘王墓室中的发现相比，如果盗墓者先发现主墓室，那么后果不堪设想。

西潘王墓室的发现是整个西半球最辉煌的墓葬文物发现，被喻为新大陆的"图特卡蒙墓"。现在所有的金银首饰和工艺品都被当地博物馆保管。

霍克森村的古罗马奇宝

　　艾瑞克·劳斯是英国霍克森村的一个普通农民。1992 年的 11 月，他打算把自己的住宅改装，为此好朋友和邻居都前来帮忙。11 月 15 日，屋子的装修工程结束了，但一个朋友却告知劳斯自己的锤子不见了。他猜想锤子可能被埋到了地下，于是 16 日一早，他买了一个金属探测器，继续在院子里寻找。

　　到了中午，金属探测器突然发出警报声，劳斯以为发现锤子了，开始在院子里挖起来，可挖到 50 厘米深的地方时还没有东西。劳斯并没有打算放弃，随着坑越挖越深，探测器发出的声音亦越来越大。在挖到差不多 1.5 米深的地方时，一枚银币突然跳了出来。仔细一看，这是一枚古罗马时代的银币，虽然金属已经严重变色，但古罗马帝王头像的浮雕还清晰可见。劳斯继续挖掘，接下来的情景让他一辈子都忘不掉——呈现在他眼前的是一堆古罗马银币，中间夹杂着不少闪闪发光的金币，偶尔还有银制的汤匙和小艺术品，他挖到了一个地下宝藏。

　　劳斯马上停止挖掘，并向文物管理委员会报告了发现。文物管理委员会的成员以最快速度赶到劳斯家。经过专业人士一天的挖掘，所有宝物都重见天日。其中有 14191 枚银币、565 枚金币、24 枚铜币、一些工艺品、首饰和金块。

所有金币都是纯度超过 99% 的九分七币（一种古罗马金币的专称），在公元 394 年到公元 405 年之间铸造。全部金币来自 13 个不同的造币厂，从出厂到埋入地下都只有不到 50 年的流通时间，所以保存得格外完好。在一般文物市场上，这种金币是很罕见的，就算有，

↑ 古罗马钱币

价格也高得吓人。而一下子发现 565 枚这样的金币在历史上还是第一次。

除了古罗马钱币以外，霍克森宝藏里还有超过 79 个银汤匙，20 多个银烛台，一些银制的小雕像和 29 件纯金制成的、做工精细的首饰。这些首饰上镶嵌的宝石在被埋藏之前都已经被撬下来，或许宝藏的主人觉得宝石价值高而且容易携带。另外，宝藏中还有令人瞠目结舌的重达 250 千克的纯金块。

发现后的第三天，霍克森宝藏被运到英国国家博物馆，在众多顶级考古专家专业目光的审视下，它依然灿烂夺目。据考古专家研究，这是历史上古罗马钱币最集中的一次发现，也是英格兰历史上最重要的一次文物发现。宝藏的主人在紧急情况下把它们埋入地下，希望在一段时间以后重新取回，当时大约是公元 440 年。不知道是什么原因，或许是主人意外死亡，或许是他无法再找到埋藏财宝的准确位置，霍克森宝藏一直被埋藏至今。考古学家分析，宝藏的主人生前地位一定显赫，可能突然遭遇变故。不过直到现在为止，他的身份还是一个谜。

南美"黄金国"之谜

　　印第安人流传着这样一个传说：生活在南美西北部丛山峻岭中的穆依斯克人，崇拜水和太阳。每当他们选出一个部族的最高领袖，就要在湖上举行一次祭礼。除了黄金，穆依斯克人不会开采和冶炼任何金属。因此在他们的庙宇之中往往有许多黄金制品。这也许就是所谓"黄金国"的来历。

　　现代一些学者认为，哥伦布之所以要进行航海，既不是为了寻找印度和中国，也不是为了证明地球是圆的，其真正的目的是为了寻找"黄金国"。这一点已被继哥伦布之后陆续去新大陆的西班牙入侵者的行径所证实。

　　最早传出在南美洲有一个"黄金城"的人，正是西班牙入侵者头子弗朗西斯科·皮萨罗手下的奥尔拉纳中尉。据说，1531年1月，西班牙冒险家弗朗西斯科·皮萨罗率领一支由180人组成的队伍，从巴拿马出航，直奔南美的印加帝国。这些西班牙人虽然数量不多，但十分凶悍，并且配备了当时最先进的火枪和大炮，还有62名骑兵。

　　当时统治印加帝国的皇帝阿塔雅尔帕对外来侵略者毫无了解，也没有采取任何防御措施。在这种情况下，皮萨罗突然袭击，俘获了阿塔雅尔帕，并向他勒索黄金。贪生怕死的阿塔雅尔帕为了保全性命，竟对皮萨罗说，如果释放他，他愿用黄金堆满囚禁自己的房间，直至他举手所

↑ 英国展出的南美神秘黄金城文物

及的高度。这是一间 115 立方米的房间，填满它要用 40 万千克黄金。

　　阿塔雅尔帕的臣仆很快就送来了 5 万千克黄金，可是，皮萨罗怕皇帝自由后会组织反抗，就违背诺言，残酷地绞死了阿塔雅尔帕皇帝。正奔驰在为皇帝赎身而运送黄金路上的臣仆们听到这个消息后，迅速地把黄金藏匿起来，连预先交来的也被转移了。

　　随后，1533 年 11 月，皮萨罗带兵进入印加帝国首都库斯科，把那里的黄金和财宝洗劫一空。关于皮萨罗所勒索的巨额黄金的下落，还有人说，当时皮萨罗并未能拿走。这些黄金随着阿塔雅尔帕的尸体一起，被印加人夺回后藏了起来。藏宝的地点，据说就在今天厄瓜多尔利安加纳蒂的山中。在这沼泽密布、毒蛇野兽横行的地方，无数寻宝者进去了就再也没能出来。

贪婪本性决定了贪得无厌，也导致了皮萨罗一伙因分赃不均发生激烈的内讧。不久之后，几乎所有的首领，包括皮萨罗的4个兄弟以及他本人都在内讧中或被杀死或被囚禁。但皮萨罗在南美掠夺到巨额黄金的消息却迅速传遍整个欧洲，进一步激起了欧洲冒险家们的贪欲。

1535年，曾经远征过印加帝国的西班牙人塞瓦斯蒂安·德·贝拉卡萨曾遇到一个印第安人。据印第安人讲，在远方有一个部落的国王，用金粉洒遍全身后，在一个圣湖里洗浴。贝拉卡萨称这个传说中的国王为"多拉都"，即"黄金人"，后来这个名字又被讹传成"爱尔拉都"，成了传说中黄金国的名字。

1536年，一个名为冈萨罗·希门内斯·克萨达的西班牙人，率领一支900人的探险队从哥伦比亚北岸向南美内陆进发，去寻找黄金国。他们在印第安人齐布查族的索加莫索村内，看到一座太阳神庙，庙里存放着齐布查族酋长的木乃伊，身上覆盖着黄金饰物。

齐布查人对克萨达说，这些黄金是用食盐向另一个印第安国交换来的。他们还说，那里有个叫瓜地维塔的湖，在湖上每年都有一次神奇的仪式举行，那就是黄金人庆祝大典。庆典时，那里的国王全身洒满金粉，戴上黄金饰品，乘坐木筏，从湖岸出发。周围的族人燃起野火，奏起乐器，国王便跃入湖中，把身上的金粉一洗而净，祭司和贵族们也同时向湖中投入贵重的金饰，献给太阳神。

据说，1532年由于西班牙人的入侵，印加人带着他们的宝藏四处逃亡，最后他们来到了一个小城，印加人叫它Paititi。后来西班牙人把这座神秘的古城称之为"理想中的黄金国"。一名有波兰和意大利双重血统、曾在1996年探寻出亚马孙河真正源头的著名探险家巴克维兹近日声称，传说中藏有印加宝藏的 Paititi 古城应该位于古印加帝国首都库斯科北部约 105 公里处，那里属于亚马孙河未被开发的 Madrede Dios 河谷。他表示，传说中的印加宝藏可能埋藏在秘鲁亚马孙河底里的隧道和洞穴中。但有 17 世纪的文件表明，Paititi 更有可能是陆地和高山。最近在一个耶鲸团体的关于罗马人的档案中发现了一份 16 世纪的手抄原稿，它在上面把 Paititi 王国形容成一个到处堆积着金银珠宝和各种各样珍贵石头的国家。这份古文件称，这个宝藏在 16 世纪末被基督教传教士发现。但巴克维兹相信，梵蒂冈因为害怕会造成歇斯底里的"淘金热"，并没有对外宣布它的位置。

自 1984 年起主持过各种有关 Paititi 古城研究计划的波士顿人类学家哥科里认为，整个关于印加人选库斯科，并在那里埋下了宝藏的说法只是一个传说，并没有可靠的证据可以支持。反观住在高地的印加人所面临的不可克服的气候和疾病（如黑热病）问题就可以推翻他们曾在那里埋下宝藏的假设。黄金国究竟在哪里，恐怕一时也难以弄清楚。

夏朗德人的珍宝之谜

　　夏朗德位于法国西南部，虽然只是一座小城，但却是一座历史名城。1569 年，法国科利尼地海军司令手下一名中尉罗日·德·卡尔博尼埃男爵在占领夏朗德以后，不仅纵火烧毁了夏朗德修道院，而且屠杀了所有的修道士。这座中世纪早期的历史瑰宝，在经历了整整 40 年的兴盛变迁后，终于难逃劫数，被毁灭了。虽然修道士们早已十分谨慎地把圣物和财宝隐藏了起来，然而，由于没有一个修道士能逃脱灭顶之灾，这批

← 夏朗德

圣物和财宝也随之成了千古之谜。

夏朗德一带常常有一些神奇的事情发生，且与财宝有关。如每隔7年，在春暖花开的季节，总有不少宣称"修道院的珍宝将出现在圣体显供台下"的布告张贴在夏朗德的大建筑物正门和古老市场的柱石上。这些布告也确实并非纯属无稽之谈。几百年来，夏朗德居民一直都会不时地奇迹般地发现闪闪发光的金银财宝和各种罕见的圣物。这也许是财宝埋藏的位置造成的，这一位置形成巧妙的折射现象，将金银财宝和圣物显现出来，这使人们更加坚信这笔财宝一定保存于此。

这些珍宝究竟藏在何处？夏朗德的地下布满着纵横交错的网道。这些地下网道大部分都跟地面建筑物接通。一部分地下网道与城堡相连，一部分地下网道与修道院、教堂接通，另一部分地下网道则与住宅、庄园相通。地下网道之间彼此连接。但近年来，这些地下通道大多数已被居民们用水泥黏合的厚墙所隔断，有的则早已塌方，所以要清理发掘这些地下通道几乎已不可能。必须寻找其他线索，如是否存在指明财宝埋藏地点的说明或图纸；若有，就先要找到这一地图。另外，各种传说也许能为寻宝提供一些有价值的线索。

1568年，有一位年轻牧人克莱蒙为了逃脱迫害，躲进夏朗德附近的一个山洞中。他在山洞中偶然发现一个地下通道网。他沿着其中一条地道一直走了两天以后，发现有一个出口就在离夏朗德4公里处一个极隐蔽的地方。据克莱蒙讲，这条地道之宽，足可以让一名骑士骑着自己的坐骑大摇大摆地行进，而且，地道里还有一大一小两座教堂：大的可能属于夏朗德城的瓦莱修道院，小的也许属于夏朗德的圣索弗尔修道院。看来，这些地道结构是非常复杂的，这说明其功能是多样的：藏宝、作战、修道等。克莱蒙的这次奇遇在他的子孙中间一直流传着。

　　而且，牧羊人克莱蒙的传说看来是真实可靠的。因为，据住在离夏朗德附近4公里（这与克莱蒙的说法是相吻合的）处的巴罗尼埃小村里的维尔纳太太说："50年前，我父亲对我讲，山洞里有一条可以通到山冈底下的地道。他曾在地道里看见过一座很高的大厅，像教堂一样，四周有100个凳子。这个地下工程一直延伸到很远的地方，可以通过夏朗德城的楠特伊。"维尔纳太太所讲的这些与克莱蒙所看到的一切都惊人地相似，但奇怪的是维尔纳太太从未听说过克莱蒙的传说。这也许表明，已经不止一个人进入过这条地下通道。另外，据当地传说，圣索弗尔修道院当年曾筑有一条2公里长的地下通道，可以直达复朗德城的瓦莱修道院。因此，如果这个神秘的地下通道确实像牧羊人克莱蒙所讲的那样，那么夏朗德修道院的财宝，尤其是那些体积大且价值昂贵的财宝和圣物珍品，像金盘子、枝形大烛台、餐器，很可能藏在那里，那里不但安全，而且易于保护。

　　夏朗德有一群孩子在玩捉迷藏游戏时，在佩里隆家所在地区的一幢老房子下面发现过一条地道。孩子们非常好奇，他们偷偷溜进地道中，借着手电筒的亮光，没走多久就发现远处有一个带三个跨度的拱顶大厅，里面还有一个石头祭台。它很可能是一座地下教堂。修地下教堂的目的何在？有的历史学家认为这完全是出于一种宗教虔诚，是想表明不但在地上，而且在地下人们都供奉上帝；有的人认为这一看法不符合实际，小教堂也许是一种标志很可能是指明财宝藏于何处的标志。从这个被认为是地下小教堂大厅延伸出去的地道已经有1/3地方被塌下来的土所填满。据那幢房子主人的一个孙子说，他小时候曾跟着父亲在这条没完没了的地道中走了一二公里，直到夏朗德河边附近时才发现地道早已被填塞。他父亲经过仔细观察后认为，过去有一些人也曾进入过这个地道，他们很可能发现了一笔财宝。但在挖掘时，由于误触了机关而使地道塌方，结果人财两空。

许多人都相信这一看法，慕名到此，想进入地道看看。遗憾的是，这块地方的主人虽然承认确实有过这样的发现，但就是不同意让人发掘，甚至拒绝考古工作者进入这里的地道，致使研究这一地道的工作停顿了下来。

当地人还说，有一条从一个谷仓底下开始的地道可通到圣索弗尔修道院及其四周附属的教堂。这条地道在朝房子方向另有一条支道可通往一座地下小教堂，从那里又可以继续通往巴罗尼埃村附近的一个山洞。在这个山洞里还有一个进口，可直达一座地下大教堂，在大小教堂底下还有一些地道通往神秘的地方，在这里藏着巨额财宝。

总之，在这座布满着迷宫一般的地下网道和大小教堂的古城夏朗德，有着足以勾起世人凭吊之情的断垣残壁，有着让人激动不已的珍宝、圣物，也有着令人浮想联翩的栩栩如生的传说，还有古老的文化和风情。在夏朗德人脚下仍然沉睡着祖宗们留下来的难以估价的珍宝。

← 夏朗德港口

黑水城的珍宝之谜

1907 年俄国人科兹洛夫受沙俄皇家地理学会委派已结束对中国西藏、新疆等地的 3 次考察，正准备开始他的第 4 次远征。他得到了俄国末代沙皇尼古拉二世及太子阿列克塞"两次"光荣的召见。临行时，他接受了沙皇赐给的 3 万卢布以及步枪、左轮手枪和子弹。他们对他的这次远足慰勉有加，使多年后科兹列夫回忆起当时情景还十分激动与神往。

俄国学者并不否认当年列强从事此类探险"是在欧美和日本对中国施加政治、经济压力的背景下进行的，探险所得当地地形测量及情况报告，亦可能被用于军事目的，清王朝对此无疑是作出了一定让步"。只是他们认为，在事过将近百年的今天，对保存和研究中国文化来说，探险所获知识是"最宝贵的贡献"。

现在看来，在当时众多的外国探险家中，俄国人的鼻子最灵敏。有资料表明，在敦煌，当斯坦因用牛车把经卷抢回伦敦之前，俄国人奥勃鲁切夫早已捷足先登，他用 6 包日用品骗换了两大包敦煌千佛洞的手抄本，比斯坦因整整早了两年；而对黑水城，最早知道的又是一个名叫波塔宁的俄国人，他甚至在王道士发现藏经洞之前，就从当地蒙古人的著作中知道了黑水城遗址，知道在那儿"拨开沙土，可以找到银质的东西"。

据科兹洛夫回忆，他并非第一个觊觎黑水城的外国人，在他之前已有人多次跋涉前往，只是都未如愿以偿。因为当地蒙古族人不仅没有告诉他们这座故城的所在，而且把他们引向了与黑水城完全相反的方向。

1908 年 3 月，科兹洛夫一行抵达蒙古巴登札萨克王爷驻扎地，即将进入荒漠。这一次，科兹洛夫吸取了前人的教训，努力与当地老百姓，特别是与代表清王朝管辖这一地区的王爷搞好关系，对巴登札萨克王爷和土尔扈特达希贝勒等盛情宴请，代为请封，并赠送了左轮手枪、步枪、留声机等礼品，终于攻破了曾经守护了多年的防线，得到了王爷派遣的向导指引，第一次到了朝思暮想的黑水城。

他们在黑水城逗留了 13 天，"挖呀，刨呀，打碎呀，折断呀，都干了"。然而，"探察和发掘基本上未按考古学要求进行"，"对发掘品未作严格记录"。最后，他们将所获得的佛像、法器、书籍、簿册、钱币、首饰等装了 10 个担箱，共重 1160 千克，通过蒙古邮驿，经库伦运往彼得堡。

客观地讲，科兹洛夫的首次盗掘所获并不算丰富，对他个人来说，更重要的是找到了黑水城遗址，虽然当时他不可能意识到这一点。也许他是失望而去的。首次盗掘物运抵彼得堡后，俄国地理学会很快就作出了鉴定反馈，因为其中有以西夏文这种早已消失、无人能识的死文字刊行或抄写的书籍和簿册，引起了敏锐的俄国汉学家鄂登堡、伊凡阁等人的惊讶和重视。1908 年 12 月，科兹洛夫收到了沙俄皇家地理学会要求他放弃前往四川的计划，立即重返黑水城，"不惜人力、物力和时间从事进一步发掘"的命令。

1909 年 5 月底，科兹洛夫一行再抵黑水城，在与考察队保持着"愉快的关系"的土尔扈特贝勒的帮助下，雇用当地民工，由俄人指挥，在城内城外各处重新踏勘发掘。

　　起初并没有惊人的发现，科兹洛夫本人则不仅"未正规参加发掘"，"甚至连很有意义的发现物也不曾登记在城市平面图上"。如果体会他5月27日日记中的话——"时间是五点钟，已感到天地炎热，不禁想到在凄凉、死寂的黑水城我们将如何工作"——可以感到他对这次重返发掘并非一开始就充满信心。

　　然而，奇迹出现了。6月12日，他们打开了西城外一座高约10米，底层面积约12平方米的"著名佛塔"，呈现在眼前的竟是层层叠叠的多达2.4万卷古代藏书和大批簿册、经卷、佛画、塑像等，无怪乎后来俄国人声称简直找到了一个中世纪的图书馆、博物馆！他们在因此次发掘后闻名遐迩的佛塔内整整工作了9天。取出文献和艺术品运往营地，粗略分类打包后，以40峰骆驼装载数千卷举世罕见的文献与500多件精美绝伦的艺术品踏上了西去的归途。极具讽刺意义的是持"友好态度"的土尔扈特贝勒带着自己的儿子及全体属官，骑着高头大马来为他们送行。

← 黑水城

今天我们已经知道，这两万多卷中国中古时期的珍藏，是继殷墟甲骨、敦煌文书之后，又一次国学资料的重大发现。如果说15万片甲骨卜辞的发现，把中国有文字记载的信史提前到了3000多年前的殷商时代，敦煌数万卷遗书重现了从西晋到宋初传抄时代卷轴装书籍多姿多彩的风貌，那么黑水城出土文献则在时间上延续了敦煌文献，展示了辽、宋、夏、金、元，特别是西夏时期的文化资源。它们中绝大部分是西夏文文献，内容包括语言文字、历史、法律、社会文学、古籍译文以及佛教经典等；其余则为汉文文献，有直接从宋、金传入西夏的书籍，有西夏刻印抄写的书籍，还有不少宋、西夏、元时期关于官府、军队、百姓的档案、文书；此外还有一些藏文、回鹘文、波斯文等其他民族的文字资料。黑水城出土文献具有极高的文献价值和版本价值，然而从它们再现于世的第一天，便沦为外国探险家的囊中之物。

1909年秋天，科兹洛夫盗掠的黑水城珍宝运抵彼得堡。如今，全部文献藏于俄罗斯科学院东方研究所圣彼得堡分所。相关艺术品则藏于国家埃尔米塔什博物馆（冬宫）。

神秘的米底帝国黄金之城

古代的伊朗人告诉世界，他们的国家有一座用黄金做成的城市，这就是伊朗人最初的国家——米底帝国的都城哈马丹。

"历史之父"希罗多德告诉我们，哈马丹城的建立者是米底王国的创立者戴奥凯斯。关于戴奥凯斯这个人是否真实地存在，过去人们一直抱有怀疑的态度。即使后来人们在亚述文献中也发现了这个名字，学术界仍然有人坚持说此戴奥凯斯非彼戴奥凯斯，亚述文献中记述的与希罗多德所说的并不是同一个人。不过，多数学者倾向认为这两个人实际就是同一个人，即米底国家的创立者戴奥凯斯。据说戴奥凯斯本来是部落首领的儿子，自幼就十分聪明，长大后的他为了取得僭主地位，努力在本部落中主持正义，被选为仲裁者。他的美名后来逐渐传遍四方，所有的米底人都同意选举他为国王，给他修筑了一座与国王身份相配的宫殿，建立了一支禁卫军。随后，他又强迫米底人给他建造了一座城市作为自己的新都，它就是今日的哈马丹，希腊人也称为厄格巴丹。哈马丹的建立，是米底帝国的开始，戴奥凯斯自然也就被认为是这个帝国的创立者。从这一点来看，它的出现很可能要大大早于戴奥凯斯时期。

哈马丹城墙厚重高大，是一圈套着一圈地建造起来的。每一圈里面的城墙都比外面一圈要高。由于城市建筑在平原上，这种结构对防御外敌进攻大有帮助。据给希罗多德介绍情况的伊朗人说，哈马丹的城墙共有七圈，最外面一圈城墙为白色，长度与雅典城墙大致相等。第二圈是黑色的，第三圈是紫色的，第四圈是蓝色的，第五圈是橙色的，第六圈是白银包着的，第七圈是黄金包着的。戴奥凯斯的王宫，就在镶着黄金的城墙之内。

世界上怎么还有这样奢侈的城市呢？所以希罗多德关于哈马丹有七圈城墙的说法，听起来就像个神话传说，特别是说最后两道城墙包上了白银和黄金，就更像是海外奇谈，令人不敢相信。不过既然是在文学作品中出现这样的描述，夸张必然不可避免，况且那个时代的西方人大都喜欢把东方描绘成人间乐园，好像那里黄金遍地，财富无穷。希罗多德就曾经这样告诉过希腊人："谁要是占有苏萨的财富，就可以和宙斯斗富。"而当时的苏萨城，绝对算不上西亚最富裕的城市。

根据同时代巴比伦人留下的楔形文字资料，以及后来的《亚历山大远

← 哈马丹石狮

征记》等的记载，我们知道，哈马丹城和两河流域城市一样，并没有七道城墙，也更没有什么金墙、银墙。历史上的哈马丹在伊朗语中有"聚汇之地"的意思。因为，它不仅是米底帝国的政治中心，也是古代伊朗交通要道的中心，它维持着东西方繁荣的国际贸易，著名的丝绸之路就经过这里。

尽管没有任何文字资料，但是我们从亚述宫廷浮雕中还是可以看出米底王国一般城市的大致情况。它们都有坚固的城墙，高耸的塔楼。城墙外有护城河，足以抵抗强大敌人的进攻。同时，我们从希罗多德所说的得知，米底王宫离城墙很近。这与其他国的都城，如尼尼微和巴比伦情况相同，那里的王宫与城墙也很接近，或者说城墙本身就是王宫防御体系的一部分。

米底帝国灭亡之后，哈马丹又成了古波斯帝国四大都城之一。古波斯历代帝王，每逢夏季都要来哈马丹的夏宫避暑。后来，哈马丹又成了塞琉西王朝在东伊朗的统治中心。安息时期，哈马丹一度是安息的都城，并且是丝绸之路中段的重镇之一。哈马丹在伊朗历史上繁荣了2700多年之久，直到今天，它仍然是伊朗最主要的城市，并且是伊朗农牧业生产的中心。

根据米底王国初期的情况判断，哈马丹城里可能是分部落或种族而居，每个居民区之间可能有围墙加以隔开，就好像中古伊朗城市的居民区一样，也是按部落居住的。哈马丹的这些围墙加上宫墙和外城墙，总数可能正好是七道。当然，古代哈马丹城的街区也可能就和今天的情况一样，居民区就像蜘蛛网一般，一圈又一圈，围绕王宫形成了七个包围圈。不过，由于古波斯帝国时期的哈马丹遗址至今还没有进行任何发掘，因此，古代哈马丹城的情况，今天仍然笼罩着一层神秘的面纱。

神奇的黄金隧道

1969 年 7 月 21 日，一个名叫莫里斯的阿根廷人，将一份上面有着许多见证人，并且已获得厄瓜多尔共和国承认的合法地契公诸社会，立刻引起轰动。因为这份地契讲述了一个令世人难以置信的故事。

1972 年 3 月 4 日，由厄瓜多尔考古学家法兰士和马狄组成的科学调查小组，在莫里斯的带领下，对大隧道展开调查。

隧道入口由一块大岩石凿通而成，几只夜鸟忽然飞出洞口，越发阴森恐怖。毫无倦意的莫里斯更是兴奋异常，此地是一支绕勇善斗的印第安人部落聚居区。这个神秘入口，就是大隧道的入口，隧道在厄瓜多尔和秘鲁的地底延绵好几十万米。他们又沿绳垂直下到第二平台和第三平台，每台高度都达 75 米。下到洞底，莫里斯领头摸索前进。法兰士注意到隧道的转角处都呈直角形的严谨设计，有些很窄，有些又很宽，所有洞壁都很光滑，洞底非常平坦，很多地方像涂了一种发光颜料。很显然，这隧道并非天然形成的。

法兰士试图用罗盘测量这些通道的方向，但罗盘指针不会动。"这里有辐射，所以罗盘失灵。"莫里斯解释说。在其中一条通道的入口处，有一副骸骨精心摆放在地上，上面洒满金粉，在调查队员的灯光照射下闪闪发光。

他们目瞪口呆地站在一个巨大厅堂的中央。这个大厅的面积约为21000平方米。大厅中央有一张桌子，桌子的右边放有7把椅子。在7把椅子后面毫无规律地摆放着许多动物的模型，有蜥蜴、象、狮子、鳄鱼、豹、猴子、美国野牛、狼、蜗牛和螃蟹。更令人惊异的是这些动物都是用纯金做成的。在桌子的左边便摆放着莫里斯的地契所提及的金属牌匾及金属箔。金属箔仅几毫米厚，65厘米高，18厘米宽。

莫里斯在大厅找到一个石刻，11.43厘米高，6.35厘米宽，正面刻着一个身躯为六角形的人，右手握着一个半月，左手则拿着太阳。令人惊奇的是六角形的人双脚站在一个地球仪上。这石刻是在公元前9000年至公元前4000年做成，这说明那时的人已知地球是圆形的。

法兰士认为这个隧道系统在旧石器时代已经存在。他拿起一块刻着一头动物的石刻，它有29.20厘米高，50.32厘米宽。画面上所表现的动物有着庞大的身躯，正用它粗大的后腿在地上爬行。法兰士认为石刻画的是一条恐龙。法兰士不敢再想象下去：难道有人曾经见过恐龙？

在庙宇的圆顶上，还绘有一些人像在空中翱翔或飘浮着，令法兰士惊异的是这个庙宇的模型，可能是圆顶建筑最古老的样本。此外，一些穿太空服的人像，更是让法兰士不可思议。

一个有着球状般鼻子的石刻人跪在一根石柱下，他头戴一顶遮耳头盔，极像现在我们用的听筒；一对直径5厘米的耳环则贴在头盔前面；耳环上钻有15个小洞；一条链子围住他的脖子，链子上有个圆形牌子，上面也有许多小孔，很像我们现在的电话键盘。

这个隧道系统是谁建造的？也没人知道这些稀世奇珍是谁遗留下来的？带着疑问，调查队沿原路退出洞穴，又赶往位于厄瓜多尔古安加的玛利亚教堂，因为基利斯贝神父收藏着许多来自隧道的珍宝。

尤其令人吃惊的是一个纯金制成的女人像。她高30厘米，头像两个三角形，背后焊接着一对细小的翅膀，一条螺旋形金线从她耳朵里伸出来。

她有着健康、发育完美的胸部，两脚跨立，但无两条手臂，穿着一条长裤；一个球形物浮立在她的头顶上面。法兰士感到她两边的星星透露出她来自何处。那是一颗陨落了的星球吗？她就是从那颗星球来的吗？

基利斯贝神父收藏的大量金属箱，上面刻有星星、月亮、太阳和蛇。其中一块金箔的中央刻有一个金字塔，两边各刻有一条蛇，上面有两个太阳，下面是两个工人似的怪物及两头像羊的动物，金字塔里面是许多带点圆圈。

最让法兰士震惊的是，他在基利斯贝神父这里见到了第三架史前黄金模型飞机。第一架他是在哥伦比亚的保华达博物馆见到的，第二架则仍放在大隧道里。多年来一些考古学家把模型飞机看成是宗教上的装饰品。然而从模型几何形的翅膀、流线型的机头及有防风玻璃的驾驶舱看，很像美国的B-52轰炸机，它确是架飞机的模型。

难道史前便有人能够构想出一架飞机的模型？一切都无定论，一切都是谜团。至今为止人们仍无法确定或找出这隧道究竟是谁建造的。而在隧道里面，又存放着那么多无从稽考的壁画飞牌匾、黄金制品和雕刻品，这一切意味着什么呢？

拿破仑战利品下落之谜

1812 年 5 月，法国皇帝拿破仑率领 50 万大军对俄国进行远征，并于同年 9 月 14 日占领莫斯科。此时的莫斯科几乎是座空城了，大部分居民已随俄军撤退，近 20 万人口的城市剩下的还不到 1 万人。当天晚上，城内有几处起火，后又蔓延成大火，整整持续了 6 天 6 夜。饥饿和严寒威胁着法军。由于战线拉得很长，交通运输常遭袭击，粮食和弹药供应不上，而俄皇亚历山大一世又不接受和谈，在这种情况下，拿破仑不得不放弃刚占领不久的莫斯科，于 10 月 19 日向西南缓慢后撤。撤退中，沿途曾不断受到俄军和农民游击队的阻击。就在这个时候，法军庞大的辎重队有 25 辆装满了在莫斯科掠夺的战利品的马车突然失踪了。自那时起，一个半世纪以来，拿破仑的这批战利品究竟隐藏在哪儿，就成了鲜为人知之谜。

← 拿破仑

"沙漠之狐"的巨额黄金之谜

德国陆军元帅隆美尔生性凶残、狡猾，惯于声东击西的伎俩。在北非的大沙漠上，他以力量悬殊的兵力与强大的英美联军交锋，出奇制胜，因而赢得了"沙漠之狐"的称号。

这个"沙漠之狐"在北非的土地上疯狂的屠杀土著居民，掠夺他们的财富，尤其是当地无比富裕的阿拉伯酋长，只要他们稍稍表示拒绝支持纳粹的事业，隆美尔即令格杀勿论。隆美尔用如此野蛮的血腥的手段在很短的时间里积聚起一批价值极为可观的珍宝。这批珍宝包括满装黄灿灿金币和各种珍奇古玩、90多只木簞及一只装满金刚钻、红宝石、绿宝石和蓝宝石的钢箱。

这批珍宝价值多少？谁也估算不出来。那只钢箱的财宝太迷人了，可谓价值连城，隆美尔自己本人也不清楚这批珍宝的价值究竟是多少。这批珍宝，除供隆美尔大肆挥霍外，还用以收买少数阿拉伯统治者。

隆美尔再怎么挥霍，也仅仅动用了这批珍宝的极少一部分。随着战局进入尾声，隆美尔自吹所向无敌的非洲军团全线崩溃。为了不让这批珍宝落入英美联军之手，隆美尔秘密调动了一支亲信部队将这批珍宝藏在世界上某一个不为人知的角落里。

1944 年，法西斯德国日暮途穷，德军一些高级军官谋刺希特勒，事涉隆美尔。10 月 14 日，希特勒派人至隆美尔住所，要隆美尔考虑决定接受审判还是服毒自杀。隆美尔选择了后者。15 分钟后，隆美尔便离开了人世。

隆美尔一死，唯一知道这批珍宝埋藏地点、方位、标志的线索便中断了。

对于隆美尔这批珍宝，西方一些冒险家们垂涎三尺，朝思暮想，希望有朝一日发掘这批珍宝，成为

↑ 隆美尔

珍宝的主人。他们不惜重金，派专家南来北往，查阅有关密档，又千方百计地寻找所有可能知情的人。调查的结果，各种传说都有，但均不甚确凿，弄得冒险家们抓耳挠腮，一时不知从何下手。

一种传说是：在隆美尔的非洲军团崩溃前夕，"沙漠之狐"隆美尔曾调集了一支高速摩托快艇部队，命令将 90 余箱珍宝分装于艇中，由突尼斯横渡地中海运抵意大利南部某地密藏。某日晚，快艇部队在夜幕的掩护下秘密出航，按预定计划行动。不料在天将拂晓时，快艇部队被英国空军发现。原来英军情报部门早就密切注视着这批珍宝的去向。英军情报部门除派出大批地面特工人员外，又动用飞机与舰艇，在空中和海上昼夜侦察，随时准备拦截。"沙漠之狐"老谋深算，竟也有失算的时候。

英军发现鬼鬼祟祟的德军摩托快艇后，料定珍宝即在其中，下令从空中和水面不惜一切代价拦截。当摩托快艇行至科西嘉附近海面时，德军深知已无望冲出英军密织的罗网。当绝望之时，隆美尔竟下令炸沉所有快艇。这支满载着珍宝的德军摩托快艇部队就这样在科西嘉浅海区沉没了。

从那以后，不时有人用高价雇用潜水员一次一次在科西嘉海底搜寻，可是一无所获。是科西嘉的海面过于辽阔呢，还是沉船的具体位置并不在科西嘉岛？抑或是隆美尔并没有炸沉快艇，甚至艇上并未载有珍宝？谁也说不清楚。

1980年美国《星期六晚邮报》二月号刊载了一篇令冒险家们十分感兴趣的文章《"沙漠之狐"隆美尔的珍宝之谜》，作者署名肯·克里皮恩。作者说，声东击西"沙漠之狐"并未用快艇载运珍宝。这批珍宝密藏在撒哈拉大沙漠中的一座突尼斯沙漠小镇附近。小镇的附近遍布形状相差无几的巨大沙丘。这批珍宝即埋藏于某座神秘的沙丘之下。

作者说，1942年11月，美英联军北非登陆。次年年初，兵分两路从东西向夹击德意军队，前锋逼近濒临地中海的突尼斯城。1943年3月8日清晨，居住在距突尼斯城不远的哈马迈特海滨别墅里的隆美尔发觉英军已控制了海、空权，他的珍宝已无法由海路安全运出，决定就地藏宝。

3月8日深夜，在隆美尔与他的亲信严密监视下，这批珍宝被分装在15～20辆军用卡车上，车队在汉斯·奈德曼陆军上校的押运下连夜向突尼斯城西南方向行驶，在撒哈拉大沙漠边缘的一座小镇杜兹停下。汽车驶至杜兹后，前方即是大沙漠，无法行驶。汉斯·奈德购买了六七十匹骆驼，将珍宝分装在骆驼上，于3月10日踏入撒哈拉大沙漠。

驼队在沙漠中跋涉两天，最后将珍宝按预定计划埋入数以万计的令人无法分辩的某座沙丘之下。负责押送，埋藏珍宝的德军小分队在返回杜兹途中，意外地遭到英军伏击，小分队全部丧生。藏宝人连同宝藏的秘密一起被撒哈拉大沙漠无情的黄沙埋葬了。撒哈拉大沙漠一望无垠，白天温度常在100℃以上，人称之为无情的地狱。谁敢贸然叩开这无情的地狱之门？隆美尔的大批珍宝能有重见天日的一天吗？

"巴克特里亚宝藏"的故事

　　1978 年现世的阿富汗绝世文物"巴克特里亚宝藏",是世界上最伟大、最有考古价值的宝藏之一。不过,在阿富汗长期的战乱中,该宝藏的下落曾经一度是个谜。最近,一位曾负责守卫"巴克特里亚宝藏"的阿富汗中央银行职员第一次披露了当年守卫宝藏的经历,其中讲述了他通过艰苦斗争,最终没让该宝藏落入塔利班之手的惊险故事。

　　据英国媒体报道,披露这段经历的阿富汗男子名叫阿斯克扎伊。作为阿富汗中央银行职员,他曾经负责守卫"巴克特里亚宝藏"。

　　1978 年,在苏联入侵阿富汗前夕,希腊裔苏联考古学家维克托·圣里耶尼迪斯在阿富汗北部地区的古代坟墓和考古遗址中发现了"巴克特里亚宝藏",出土了两万件精美的古代黄金制品。其中,最引人注目的有三样,一顶金冠,一个用纯金打造的希腊神话中"爱与美"女神阿芙洛狄忒的饰物,还有一柄用宝石镶嵌的短剑。

　　但很快,阿富汗就卷入了长期的战争漩涡,该宝藏一度下落不明,人们对其命运曾有种种猜测,有的说宝藏已被苏联官员偷运到莫斯科,还有的说随后控制阿富汗的塔利班政权找到了宝藏,并把古老珍贵的黄金制品偷偷熔化成了金条。

现在，阿斯克扎伊向公众透露了宝藏的真正命运。他说，1989 年，随着战争威胁的增大，当时在位的阿富汗临时总统纳吉布拉命令警察转移"巴克特里亚宝藏"。于是，阿警察把成箱

↑ 巴克特里亚宝藏黄金手镯上的格里芬

的宝藏装在七辆闷罐车里，从喀布尔国家博物馆运送到当时看来最安全的地方——阿富汗总统府。

随后，宝藏被藏到了总统府达努拉曼宫秘密的地下宝库里，宝库有七扇钢铁大门，每扇大门上都挂着一把厚实的大锁。当时的阿富汗政府挑选了七名可靠的阿富汗中央银行职员保管这七把钥匙，并负责保卫这个宝库，阿斯克扎伊就是其中之一。

阿斯克扎伊说，1996 年，塔利班政权统治喀布尔后，一直试图找到这个宝库。有一天，得到一些线索的塔利班派了 10 名毛拉和一些珠宝商来到总统府达努拉曼宫，他们把冰冷的手枪顶在阿斯克扎伊的头上，命令他带他们去寻找宝库。

阿斯克扎伊回忆说，当时的情况非常紧张，但最后，他只给他们打开了宝库的很小一部分，让他们见到了一些黄金制品，真正的大部分宝藏其实藏在另外一个地方。

那段日子里，阿斯克扎伊饱受折磨，多次被塔利班严刑拷打，然而，

即使被打得昏迷过去，他也一直没有说出宝库的任何秘密。阿斯克扎伊说："我并不害怕，我当时没有在意我的生命。"

阿富汗财政部长加尼也证实了这一点。他说，保护宝库的阿富汗中央银行职员在塔利班进入喀布尔后，冒着生命危险没有透露这个宝库的秘密，从而成功地阻止了塔利班夺走"巴克特里亚宝藏"。

班清宝藏之谜

1962 年，泰国王国艺术部的一位职员在班清小镇一条长满杂草的小路上行走时，踢出一个画有图案的陶器碎片。出于职业的习惯，他将碎片带回曼谷。他的同事们从陶器的颜色推断这是史前产物，但因班清太小了，没有引起注意。

1966 年，美国驻泰国大使的儿子斯蒂芬·扬来到班清，在路过一个筑路工地时，在堆积石料的地方，看到许多被推土机挖出的破损陶器。他被上面的图案所吸引，就捡了一个大而美丽的陶罐带给泰国的婵荷公主玩赏。这个陶罐虽然已经破损，但在浅黄色的底色上，有着艺术家随心所欲、一挥而就的深红色图案，也有经过精心构思的精确的几何图案。这种色彩搭配不但抢眼还相当赏心悦目，再加上美丽的图案，使陶器具有强烈的艺术感染力。另外，婵荷公主注意到这种图案不同于泰国已发现的任何一种，倒是有几分像古希腊的陶器图案。这太怪了！"这件陶器真是太有意思了，我从未见过这样的东西。"这位酷爱艺术的公主出于对文物的敏感，亲自去了一趟班清。她挨家挨户搜集文物，最后，不仅带回了大量的陶器，还有不少的青铜制品。

1968 年，美国著名的艺术史学家伊丽莎白·莱昂斯把一些陶器碎片

← 班清发掘的工艺品

送到费城大学的考古研究中心。经测定，班清的陶器是公元前4000年左右制造的，几乎和两河文明的年代一样久。这是令人难以相信的，一般认为，泰国的可考历史至多有1500年。以后又多次测试班清陶片，结果都是一样。难道班清曾是世界古文明的摇篮之一？东南亚是一个向外流淌文化的源泉？

1974年，在联合国的资助下，开始对班清小镇的古墓葬进行挖掘。开挖的第一天，人们的期望值并不很高，很难想象这个人口不足5000人，世代以种稻为生的小镇会有很悠久的历史。然而，当挖到5米深时，一种考古者熟知和梦寐以求的土层出现了：这是6层界线分明的墓葬，最深的一层是公元前4000年的，最浅的一层也可追溯到公元前250年。这可大大地超过了泰国的可考历史。

挖掘工作愈发不可收拾，到 1986 年，班清挖出了各种文物 18 吨，其中有大量的青铜器和金银装饰品。

最先的研究显示，这里的文明起源于种稻，但很快有了作坊工业。早在公元前 3000 多年，班清人已经掌握了冶铁技术，比中国和中东要早得多。那时，世界各地的文明先发者开始了农耕，有了制作石器的技术。班清人却已经开始用难以想象的几何图案制作手镯、项链、兵器、工具和陶器了。什么人是他们的祖师？班清宝藏的无穷魅力还在于它一直不为人所知，这是为什么？考古学家开始寻找那些较大的墓葬，期望能找到帝王、找到学者、找到能工巧匠的名字。他们想了解班清的文明是自发的，还是受了别人的影响。

班清工艺品上的图案和古希腊的很相似，但古希腊文明比班清要晚一些。两个文明有没有交流、影响？如果有的话，是通过什么样的途径影响的？中东早期的铜器是红铜与砷的混合物，但到公元前 3000 年前，锡突然取代了砷。中东的锡是不是来自班清？因为班清的青铜就是红铜和锡的混合物。这是因为班清所处的呵叻高原的山脉中，至今仍以铜、锡储量丰富而闻名于世。

这是一个辉煌的文明，这是一个不可一世的文明，但为什么史书上没有一点记载呢？班清在古代的作用是什么？冶炼基地？驿站？贸易中转站？都市？还是……这样的讨论看来还要进行好多年。与此同时，来自班清的诱人宝藏将会慢慢地越积越多。它们不会说话，但却有说服力。它们也许会证明，这里存在过一个举世无双的文明。

龟兹石窟群珍宝之谜

在天山南麓，西汉通向西域的北道上，有一个重要的西域古国——龟兹。今天的库车县就是昔日龟兹王国的所在地。龟兹王国在西汉时期，就是西域三十六国中最大的绿洲王国，地处丝绸之路要冲。汉唐时代曾先后在这里设置西域都护府和安西都护府。

在公元3世纪至10世纪开凿的众多佛教石窟，是龟兹地区最有价值的佛教文化遗产。这些分布在库车、拜城等处山谷中的石窟，以开凿时间早、内容最富外来文化色彩而出名。如著名的拜城克孜尔石窟、库车的库木吐拉石窟（千佛洞）、克孜尕哈石窟、森木塞姆石窟等。这种建造在山崖上的寺庙，构成了古代龟兹地区石窟建筑特有的面貌与内涵。

石窟内大都绘有壁画。公元6世纪以前，主要有释迦、交脚弥勒和表现释迦的本生、佛传、因缘等图像。公元6世纪出现了千佛。公元8世纪以后，逐渐受到中原北方地区石窟的影响，中原北方盛行的阿弥陀和阿弥陀净土，以及一些密教形象也逐渐地传播到了这里。

龟兹是西域佛教中心，而昭怙厘寺又是龟兹最大的寺庙。关于昭怙厘寺的遗址，有种种说法。清人徐松在《西域水道记》中，首倡库木吐拉千佛洞遗址与河西岸古城遗址，即玄奘所说的东西二昭怙厘寺。再就

↑ 龟兹克孜尔石窟

是"苏巴什遗址即昭怙厘大寺"说，此说由斯坦因发端并在学界得到较广泛认可。

出库车向北行 20 多千米，昭怙原佛寺遗址就呈现在雀格塔尔山下广阔的戈壁滩上了。铜广河从戈壁中间流过，把佛寺分成东区和西区两部分，东、西遗址在两岸台地上隔河相对。多年来，人们把这里称为苏巴什古城。苏巴什是维吾尔语，即"龙口"之意，其实它是一座典型的佛教寺院。

随山势起伏，整个遗址一层层铺开，参差错落，逶迤延伸。在河西遗址南北长 700 米、东西宽 200 米的范围内，分布着僧房、寺院、佛塔、窟群。保存较好的是靠近西河岸的一座方形大寺，四周有坚实厚重的墙垣。由寺南边的门进入殿堂残址，中央立着一座高 9 米的方形土塔。大寺之外还有一组禅堂佛殿遗址。殿堂之西的戈壁上有一方形塔基和三角形塔身，高达 10 余米的舍利土塔之南连接着梯形平台，台上禅室内有残存的壁画。佛塔北面僧房禅室鳞次栉比，毗连数里。

历史上战争的破坏，自然界风沙的摧残，早已使一度辉煌的昭怙厘寺疮痍满身，面目全非，加之 20 世纪初外国探险队的纷至沓来，又给昭怙厘寺带来诸多纷扰，使它历尽了磨难。先后有俄国、法国、日本、英国、德国等国的探险家，曾在这里大肆挖掘。他们盗掘、偷运了大量的佛像、壁画、古钱币和文书等珍贵文物，特别是日本大谷探险队和法国的伯希和，在这里发现了不少舍利盒，全部运到日本和法国。

有一个不平常的舍利盒，被大谷光瑞于 1903 年带往日本，现存东京，由私人收藏。这个舍利盒为木制。盒身被红、灰白、深蓝三种颜色覆盖，还镶有一些方形金箔装饰，盒内仅存骨灰，外形没有什么特殊之处，故蒙尘半个多世纪，没有被人们所注意。到了 20 世纪 50 年代，有人突然发现这个舍利盒颜色层内有绘画的痕迹，经剥去表面颜料，终于露出盒上绘制的图像，使精美的乐舞图重见天日，大放异彩。

舍利盒身为圆柱体，盖呈尖顶形，高 31 厘米，直径约 38 厘米，体外贴敷一层粗麻布，再用白色打底，然后施色，画的外面还涂有一层透明材料，制作十分精巧。盒盖上绘有四位演奏乐器的裸体童子，分别演奏筚篥、竖箜篌、琵琶和弹拨乐器。令人惊叹的是，盒身周围绘有形象十分生动的乐舞图，是一件极罕见的反映龟兹音乐舞蹈艺术活动的珍贵形象的资料，也是龟兹当时世俗生活的真实写照。

据日本学者熊谷宣夫研究，这个舍利盒是 7 世纪时所造。这一时期是中国隋代末期和盛唐初期。由于中央政府在龟兹先后设立都护府，使龟兹社会的各方面都得到迅猛发展，成为西域广大地区的政治文化中心。

在这种形势下，音乐舞蹈等艺术也出现了空前繁荣的景象。龟兹社会的昌盛发达，完全可以从这幅乐舞图热烈的场面、饱满的情绪、丰富的舞姿、华丽的服装、多样的乐器和各式人物的神采里感受到。可以说，这幅乐舞图是龟兹社会繁盛历史的缩影。此舍利盒从昭怙厘佛寺出土，从一个侧面反映了佛教文化和龟兹社会风行歌舞的盛况。同时，舍利盒制作和绘画非常精美，又出土于昭怙厘佛寺的中心殿堂的废墟下，显然是一位德高望重的名僧火化后所用。从而也证明了龟兹艺术强烈地影响着佛教文化。世俗的乐舞艺术堂而皇之地闯进佛教文化的门槛，并被"超脱尘世"的佛教僧侣所接受和喜爱，反映出歌舞艺术的巨大穿透力。

龟兹石窟群是幸运的，因为它并没有像玛雅人的金字塔和巴比伦的空中花园那样随着历史风尘逝去；龟兹石窟群又是不幸的，因为它在历史的长河中蒙受了太多的苦难，曾经属于它的无数珍宝也许永远都不会再返回！

《荷马史诗》中的宝藏之谜

根据《荷马史诗》的描写，在特洛伊城附近有"两道可爱的泉水"，"有一道泉水是热的，蒸汽从水面缓缓上升，浮悬在上空宛若烈火的雾烟；然而那另一道泉水，涌出的水流即使在夏天也冷得像雹冰或雪水。"

1870 年 4 月，施里曼从土耳其官方领到了发掘的许可证，着手在希

← 特洛伊城遗址

沙里克山发掘湮没的特洛伊城。发掘工程从 1870 年 4 月破土动工，断断续续横跨 3 个年头。1871 年挖了 2 个月，其后 2 年中又挖了 4 个半月。

1873 年 6 月的某一天，一个炎热的上午，施里曼在妻子的陪同一下，站在 8.5 米深靠近那幢古代建筑物的围墙附近。突然，他看到在焚烧过的褐红色废物层下面，埋着一件很大的青铜器，它上面是一堵墙。走近一看，施里曼锐利的眼睛发现在青铜器后面，还有闪闪发光的东西，似乎是金子。施里曼把索菲娅叫到跟前，悄悄告诉她说："快去，叫他们收工。"

民工们散去后，索菲娅转回来站在丈夫身旁。施里曼蹲在强烈的阳光照射的墙角，手握刀子正在发现青铜器的洞周围抠挖着。终于土里展现出了象牙的光泽和金子的闪光，施里曼可以把手伸进去了。索菲娅取下红披肩，施里曼一件一件地把金银财宝取了出来，包裹在披肩中。在这批器物中，最珍贵的是两顶华丽的金冕，远比其余的东西更加光彩夺目。大的那顶由 16353 块金片金箔组成，还有一串精致的项链，可以围绕在佩戴者头上，并且悬吊着 74 根短的、16 根长的链子，每根以心形的金片组成，短链子上的流苏垂在佩戴者的额前，长链子下垂于佩戴者的双肩，佩戴者的脸膛完全镶嵌在黄金之中。另一项类似前项，但链子吊在金叶带上，侧边的链子较短，只遮盖双鬓。两顶金冕的制作技艺精美绝伦。还有 6 只金镯、1 只重 601 克的高脚金杯、1 只高脚琉珀金杯、1 件大的银制器皿，内装有 60 只金耳环、8700 只小金杯。还有穿孔的菱镜、金扣子、穿孔小金条和其他小件饰物，以及银、铜的花瓶与青铜武器。

施里曼至死也没有怀疑过这些珍宝是特洛伊王普里阿蒙的财产。既然这是特洛伊城，又是斯卡安城门，又是普里阿蒙的宫殿，那么，它们当然是荷马笔下的特洛伊城的宝藏。没有任何东西能够使施里曼动摇。他确信，他手里的这些器物就是使海伦倍增妖媚的首饰，属于那个使特洛伊城毁于一旦的女人。

他逝世后不到 3 年，他的论断就被推翻。而这些财宝的主人属于比普里阿蒙早 1000 年的一位国王。

1876 年 8 月，施里曼来到伯罗奔尼撒半岛上的一条孤寂的山谷。在山顶西边，城墙是用很大的石块砌成的，其间开了一个宏伟的门道，上面蹲伏着两尊雄狮，这就是闻名遐迩的狮子门。

阿伽门农的坟墓是许多考古学家殚精竭虑寻求的目标，但他们全都凭自己的想象，随意解释公元前 2 世纪的希腊历史学家鲍沙利阿斯的记载，断言王者的坟墓应在城墙之外。施里曼的见解与他们恰恰相反。他根据鲍沙利阿斯的记载断定阿伽门农及其战友的 5 座坟墓是在城墙里面。

施里曼在狮子门附近的荒坡上开始发掘。发掘是从 1876 年 8 月 7 口开始的，不久，发掘的初步结果就证明他选定的路子是对的。在离狮子门 12.2 米、独眼巨人围墙不很远的地方，他们掘到一道长 3 米、宽 4 米的深沟，剥露出两排直立石板围成的圆圈，直径 26.5 米，圆圈内的土地已夷平，空地内有一块直立的石板，形如墓碑，石板上的浮雕损坏严重，已难以识别在石板底下是坟墓。

伯罗奔尼撒半岛上的一个山谷成了整个文明世界注意的中心。施里曼夫妇总共发现 5 座坟墓，斯塔马基发现了第 6 座，全都在石板围成的圆圈里。那圆圈里实际上是一处陵园，是作为圣地而修建的公墓。

每座坑墓都呈长方形，大小深度相同。6 座墓穴中共葬有 19 个人，有男有女，还有 2 个小孩。尸身上大多数覆盖着黄金。男人脸上罩着金面具，胸部覆盖着金片。2 个妇人戴着金制额饰，其中一个还戴着金冠。2 个小孩包裹在金叶片里面。男人身边放着刀剑、金杯、银杯等东西。妇女戴着装饰用的金匣和别针，衣服上装饰着金片。除了多数的贵重金属外，那些宝物的价值也极高，制作技艺更是精妙无双。有两把镶嵌着黄金的青铜匕首，堪称精品中的精品。一把匕首上描绘的是猎狮的场面：一头受伤的雄狮正向一群拿着大盾的持矛猎手扑去。另一把匕首上镌刻着江河景色：河水涟漪，芦苇丛生，野猫子悄然钻过，惊起的野鸭鼓翼而飞。

发掘出的宝藏越来越多。施里曼兴奋极了，他要整个世界都知道。为此，他几乎每天都要从发掘现场发出报道和文章，供《泰晤士报》发表。他非常自信，确信挖出来的一具又一具尸体是在特洛伊城下战斗过的英雄们的遗骨。

当时，不仅施里曼一个，甚至连以前持怀疑态度的学者们，也承认这个才疏学浅的德国商人握有强硬的事实。因为把坑墓里的一些宝藏作了更仔细的检查之后，发现同荷马史诗有一种准确无误的联系。荷马描绘的 8 字形防身盾牌，遮护全身，像座塔。这种大盾牌过去从未发现过，而施里曼发现的一枚金质印章指环上就铭刻着类似的 8 字形大盾牌。荷马史诗描述：老涅斯托尔（参加特洛伊战争的老谋臣）把普拉姆尼酒倒入马卡翁和自己的金杯里，"这个金杯有 4 个手把，每个手把都有两根支撑柱条；而每个手把顶部都有两只金鸽子面对面在那儿啄食……这和施里曼在墓穴中发现的一个形状罕见的金杯样子很相近。即有两个手把，手把上有两只面对面的鸽子。最相似的是野猪獠牙盔。"

石达开的藏宝之谜

　　石达开兵败大渡河前夕，把军中携带的大量金银财宝埋藏于某隐秘处。石达开当时还留有一纸宝藏示意图。图上写有"面水靠山，宝藏其间"八字隐训。据说后来国民党四川省主席刘湘还曾秘密调了1000多名工兵前去挖掘，在大渡河紫打地口高升店后山坡下，工兵们从山壁凿入，曾挖到3个洞穴，每穴门均砌石条，以三合土封固。但是挖开两穴，里面仅有如鎏金铜器、金抹额、银带扣、吊刀、玉额花、袖箭筒、护手、木刻等少量的残缺的物件。这些物件被装箱运往成都，交省政府机要秘书廖佩纯转交刘湘的夫人刘周书收存。当开始挖掘第三大穴时，被蒋介石的耳目侦知。他速派古生物兼人类学家马长肃博士等率领川康边区古生物考察团前去干涉，并由故宫古物保护

← 石达开雕像

委员会等电告禁止挖掘。不久，刘湘即奉命率部出川抗日，掘宝之事也被迫中止。

石达开是一位军事奇才。他早年加入拜上帝会，同洪秀全、冯云山、萧朝贵、杨秀清等人发动金田起义。后来被封为翼王，率军为先锋，从广西一路打到南京，因军功卓著，成为太平天国的主要统兵将领之一。太平军西征时期，曾被曾国藩的湘军所败，节节后撤。这时石达开奉命率军到九江前线增援。他一面指挥九江等地的守军顽强抗敌，一面将自己的军队分成几个小组，设计将曾国藩的湘军水师围困在鄱阳湖内，使用火攻计策焚烧，这一战几乎全歼了曾国藩的水师军队，急得曾国藩几乎要跳水自杀。后来石达开又率军一举摧毁了清军的江南大营和江北大营，解开了清军对天京的围困，使太平天国在军事上达到了全盛时期。石达开也因为军功卓著得到太平军将士们的一致拥护。

直到1856年夏天，杨秀清"逼天王亲到东王府封其万岁"，引起洪秀全的强烈不满，洪秀全密令正在安徽督师的北王韦昌辉回京调解。韦昌辉同杨秀清素来积怨很深。他率兵赶回天京，杀死杨秀清及其家属部众两万多人。石达开回京之后，尽弃前嫌，甚至连杀害了他全家的韦昌辉的父亲和兄弟都不许伤害。他想竭尽全力稳定因天京变乱而造成的混乱局面。但是，石达开的一片忠心反而引来洪秀全的猜忌。他见石达开辅政以来，功勋卓著，很得人心，又见石达开手下的部队都是太平天国的精锐之师，军力雄厚，害怕石达开会像杨秀清、韦昌辉一样对自己不利。因此，对石达开"时有不乐之心"，"深恐人占其国，使洪氏一家一姓的天下失之旦夕"。为了牵制石达开，洪秀全分封他的哥哥洪仁发为"安王"，洪仁达为"福王"，负责管理军队的粮草，并参与国事，以此来牵制石达开。但是，洪秀全的这种做法违背了他起义之初许下的"非金田同谋首义、建有殊勋者不封王爵的规定"，也极大地伤害了石达开的忠心。

后来，清军派人前来劝降，说只要石达开投降，就可以保证太平军的几万将士的性命无忧。石达开为保住几万部众的性命，于 6 月 13 日带了自己 5 岁的儿子石定忠去清营谈判。希望清军统帅骆秉章、唐友耕辈能"依书赴奏，请主宏施大度，胞与为怀，格外原情，宥我将士，请免诛戮，禁无欺凌，按官授职，量材擢用，愿为民者散为民，愿为军者聚为军"。结果清军出尔反尔，不仅扣押了石达开父子，还将太平军将士缴械并全部杀害。石达开后来被解到成都。清军统帅骆秉章一见石达开，就问他："你投降吗？"石达开凛然地回答道："我来是乞死的，也是为我的部众请命的，当下只求一死了。"6 月 27 日，骆秉章等人在总督府会审石达开，石达开还冷笑道："所谓成则为王，败则为寇，今生你杀我，安知来生我不杀汝耶？"然后，便大义凛然，自赴刑场，被凌迟处死。据说，石达开在临刑之际，依然神色怡然，无丝毫畏缩态。且系以凌迟极刑处死，至死亦均默默无声。

石达开的遭遇是一个历史的悲剧。有人说石达开率众突围之后，带着自己的余部和大量的珠宝逃到了贵州与广西交界的丛山之中。见这里群山延绵，是个藏兵驻军以图东山再起的好地方，便在这里修筑了一座山寨，将珠宝埋在山寨中的一个山洞中以作为自己有朝一日东山再起的资金。但是，由于此后不几年，南京也被清军攻破，洪秀全病逝，太平天国从此彻底失败，隐居在此的石达开随着年岁的增大，也逐渐失去了东山再起的信心。

从种种历史迹象来看，石达开当时应该是保存了一些军中的重要物品。但是在当时那种紧迫情形下，不可能修建太大的藏宝工程，同时，当时的太平军已经是穷途末路，缺衣少粮，因此也不会有巨额的金银财宝。

乐山大佛佛宝之谜

据史料记载，乐山大佛开凿于唐玄宗开元初年（公元713年），完成于唐德宗贞元十九年（公元803年），历时90年。后人提到乐山大佛的修造，似乎都归功于海通（传说乐山大佛创始者），事实上，海通筹措资金就用了10年时间，参加开凿的时间仅仅8年，前后仅18年。海通圆寂之后，剩下的大部分工程都是在地方政府的组织下完成的。海通主持开凿成形了大佛的头部至胸部，剑南西川节度使章仇兼琼主持了大佛胸部至膝部的工程，大约用了7年时间。章仇兼琼的继任者韦皋主持装金点彩的通体上色工程，九曲栈道等配套设施，还有专门保护佛像的大像阁工程等，耗时15年。

曾经有研究佛教文化的学者指出："修造大佛是唐王朝的一项形象工程。"但是在当时，唐玄宗刚刚接手政权，之前一系列的宫闱内乱大大地伤了朝廷元气，吏治的混乱、腐败亟待治理，国库亏空非常严重，甚至捉襟见肘。

传说长安四年（公元704年），当时20岁的临淄郡工李隆基，也就是后来的唐玄宗，偶然得到了一枚珍贵的心状佛祖真身舍利，并梦见一巨佛坐于三江之畔远眺峨眉山。经人解梦，这是大吉之兆，预示着李隆基将得天下开创盛世。公元 713 年，李隆基亲率兵马铲除了太平公主的势力，掌握了作为一代帝王的实权。当年，唐玄宗把年号改为开元，为了感恩还愿，他启动了乐山大佛的修造。把佛祖释迦牟尼真身舍利与无数的珍贵佛教法器，秘密收藏在大佛之中，完成一个夙愿轮回。

随着那些神秘事件的传说，总有些似通非通的歌诀一起流传。关于乐山大佛的歌谣是："佛中有佛、佛在心中、佛心藏宝"，可是却从来无人知道它明确的指向。

20 世纪 80 年代，广东一位叫潘鸿忠的农民，偶然发现乐山大佛的栖息地实际上是一尊三山相连的"巨型睡佛"，而乐山大佛正处于这尊睡佛的心脏部位。这样一来，佛中有佛、佛在心中的佛界之说似乎得到了印证，那么佛心藏宝又将着落在哪里呢？

唐代大佛竣工后，剑南西川节度使曾在上方修建了一座 13 层的楠木大橡阁，后被毁于大火，宋代重建，称为"天宁阁"，后来被毁。但

← 乐山大佛

不知何年，因何原因，这天宁阁的记事残碑竟然嵌在了大佛的胸部。时至今日，关于乐山大佛的宝藏依然迷雾重重。这个"藏脏洞"更注重的是宗教上的意义，和唐玄宗以后流传下来的佛宝之谜似乎不是一回事。

古时候修建佛像，的确有在佛像上修建密室藏东西的例子，这也是佛教教义允许的。按佛教造像仪规，在佛教造像身体上一般设有"藏脏洞"。藏洞内所装东西多为"五谷"及"五金"（金、银、铜、铁、锡）。"五谷"象征菩萨保佑"五谷丰登"；"五金"象征菩萨保佑"招财进宝"。还有的佛身藏洞内装的是仿制五脏六腑的器皿或经书帛卷，象征"肝胆相照"或"真经永驻"等等。这些器物的象征意义大于它们本身的价值，历代的盗宝者实在是枉费了心机。"佛是一座山，山是一座佛"的乐山大佛是否也还另有不为人知的隐秘？

1999 年，3 个成都游客在乐山大佛心脏部位发现了一尊"小佛"的隐约身影，头及眼、鼻、嘴等五官身形清晰可见。随后又有当地人惊异地发现，这尊"小佛"的身影刚好位于乐山大佛胸前的藏宝洞位置。

专家考证，这个佛心的小佛可能是当时修造大佛的"小样"，也许在大佛完工后，可能秘密地举行过一项重大的祭奠仪式，将"小样"隆重地请进大佛"心中"的佛龛珍藏。

经过认真的考证，人们发现，这个"小佛"可能是历年来对大佛的维修、保护中填补的石料经风化后自然形成的。"小佛"存在位置的石料显然与母匣不同，明显存在修补、填充的痕迹，因苔藓、风化加上光照角度等原因，看上去的确像是一个佛像。虚惊过后，"佛中有佛"指的到底是什么？"佛心藏宝"是一个偈语还是确有其事？

从开凿大佛的那一天起，就有种种不合常情之处，因而后人相信必有一个重大的秘密依附在它身上。如果真有珍宝法器藏在大佛身上，那么今天它们是早已散失无形，还是依然在某一处不为人知的地方沉睡？在 1200 多年的历史中，大佛不停地被损毁，也不停地被修复，很可能就在这个过程中，佛宝已被劫掠而去了。年代越久远越不可考，所以只能从现代开始追溯。

在 20 世纪初的战乱中，大佛遭受的劫难颇多。1917 年，川、滇军阀争夺地盘，在乐山隔江作战，大佛面部为炮弹所击，伤痕累累，虽然经寺僧果静募款修补，仍难恢复往日之面目。1925 年，驻扎乐山的军队，在大佛坝架起枪炮，正对大佛菩萨当炮靶，一时间佛像前炮声轰轰，硝烟弥漫，至今大佛身上还留有弹痕。但要说乱军盗了佛宝，可能性并不大。在那个无法无天的年代，如有宝物出世，只会轰动一时而无所避忌。再往前追溯，忽必烈进攻南宋四川嘉定，火烧天宁阁；明末兵火，张献忠纵兵在乐山地区烧杀劫掠。佛宝是否就散失在这些刀兵之中已是不可考了。

夔门黄金洞藏宝之谜

　　夔门是瞿塘峡入口，又名"瞿塘关"，是长江三峡的西大门，山岩上镌刻着"夔门天下雄"5个大字，是出入四川盆地的门户，瞿塘峡因此也有"夔峡"之称。夔门有一个神秘的洞口，被人们称为"黄金洞"，因为传说中，洞内埋藏着很多金银财宝。黄金洞在瞿塘峡南岸的绝壁上，洞上有70多米的悬崖，下有200多米的深谷，下端有一串"Z"形的石孔，

↑　夔门

109

据说是藏宝者留下的遗迹。

黄金洞内真的有金银珠宝吗？是谁藏的宝呢？白帝公孙述的黄金洞坐落在长江边上的白帝城，一面靠山，三面环水，背倚高峡，前临长江，气势十分雄伟壮观，是三峡旅游线上久负盛名的景点。白帝庙内历代的诗文、碑刻很多，展出的文物及工艺品有 1000 多件。距白帝城不远有个黄金洞，传说里面的财宝和白帝城的命名人——公孙述有着莫大的关系。

自古以来蜀就是天府之国，地饶物丰，公孙述在这里盘踞了十几年的时间，大部分时间都在做"一国之君"，其财产数量不容小觑，他战死以后，蜀地一直流传着公孙述兵败前秘密将数年积蓄的金银珠宝藏在了夔门的一个洞穴里，即今天说的"黄金洞"，以备来日东山再起。而黄金洞内有宝物的传说也诱惑着一批又一批的探险者，但有没有宝藏至今仍是一个谜。

"红色处女军"的藏宝之谜

捷克 9 世纪初的女王丽布施不但是一位出类拔萃的巾帼英雄,还创建了一支包括妇女在内的骁勇善战的军队,曾打败过不少敌人。后来她虽然嫁给了普热美斯公国的公爵普热美斯,但始终保持着桀骜不驯的独立性格。后来,这位女王建立了一支威风凛凛的皇家卫队,其队长就是后来在捷克历史上大名鼎鼎的普拉斯妲。

这支卫队完全由清一色的年轻女子组成,它负责保卫女王和皇宫的安全。普拉斯妲兢兢业业为女王服务,与女王结下了很深的感情。丽布施女王去世后,普拉斯妲深感悲痛,她不愿意再为国王普热美斯公爵效劳,便率领自己手下的女兵来到捷克北部的维多夫莱山,从此占山为王。

普热美斯公爵曾派一名使臣到维多夫莱山区,试图把普拉斯妲重新请回到王宫。结果,年轻的叛逆姑娘却把这名使臣阉割后轰了回去。普拉斯妲的这种做法激怒了国王,但却吸引了周围地区许多年轻的姑娘。一批批年轻的女子不堪忍受男人的欺压,陆续投奔了普拉斯妲。没过多久,普拉斯妲手下就有了一支真正的部队,这就是后来威震朝野的"红色处女军"。普拉斯妲本人也开始了她传奇般的生涯。

所谓"红色处女军"即完全由尚未结婚的处女组成的军队。反对处女军的人说，普拉斯妲是个作恶多端的女妖，她诱使年轻女子去犯法；拥护她的人称她为女中豪杰。据历史记载，她天资聪慧，而且练就了一身过人武艺，但极端憎恶男人。

有人分析，普拉斯妲之所以对男性深恶痛绝，可能是因为她从小受到父亲的虐待，又在尚未成年时被男人凌辱过，所以她幼小的心灵中留下了深深的伤痕。

普拉斯妲的"红色处女军"规模越来越大，最多时达到上千人。为了保证部队的给养，她率领军队离开了贫瘠的维多夫莱山，在迪尔文城堡建立起了自己的武装大本营。

随后，"红色处女军"四处打家劫舍，征收捐税，推行自己的法律。这些法律大部分是针对男人的。据说，为了蔑视男人，她有时会带着几名女兵，手持利剑和盾牌，赤身裸体地去市镇游逛，如果哪个男人胆敢朝她们看一眼，她们就会毫不迟疑地把那个男人处死。

普拉斯妲在她自己的地盘上行使着至高无上的绝对权力。她规定：

1．男人不许佩带武器，不许习武，否则处以死刑。

2．男人必须种地、做买卖经商、做饭、缝补衣服，干所有女人不愿干的家务活；女人的职责则是打仗。

3．男人骑马，双腿必须悬垂在坐骑左侧，违者处以死刑。

4．女人有权选择丈夫，任何拒绝女人选择的男人都将处以死刑。

这些古怪的法律十分苛刻。普拉斯妲这一极端的做法不仅激起了当地男人的强烈反抗，也终于让普热美斯觉得忍无可忍。于是，国王普热美斯派遣大军围剿普拉斯妲。

普热美斯军队的指挥官开始并不把这支"红色处女军"看在眼里，他们认为这帮女孩子看到国王的正规军必然会吓得不知所措。然而，实际上双方一交战，普热美斯的军队由于过于自信和轻敌，竟没有占到什么便宜，反而被"红色处女军"打得落花流水。这下子，他们不得不重新考虑如何来对待这支"红色处女军"了。国王普热美斯在布拉格得知自己的军队在山里竟被一帮女孩子弄得晕头转向，盛怒之下，他居然亲自率领着大军浩浩荡荡地前来围剿。

在维多夫莱山区，普热美斯大军依靠人数上的优势，采取突然袭击的战术，把处女军层层包围，缩小包围圈后杀死了 100 多名顽强抵抗的处女军战士。在迪尔文城堡的普拉斯妲闻讯后，亲手扼死十几名俘虏，并率领自己的战友对普热美斯大军进行了殊死抵抗。一时间，山冈上杀声震天，几千米外都能听到她们和男人拼命时的喊叫声。最后，城堡中所有的处女军战士全部壮烈牺牲，没有一个逃命投降的。而普拉斯妲本人最后扔下了手中的盾牌，脱光了身上的衣服，仅仅拿着一把利剑，赤身裸体地同皇家军队进行了最后的拼杀，直到流尽了最后一滴血……

普拉斯妲多年跟随女王，见多识广，对王室的金银财宝了如指掌，加之她本人喜欢雍容华贵的奢华生活，又多年劫掠富

← 普拉斯妲

豪，抢劫了不少的贵族城堡，聚敛起大量的金银财宝。在普热美斯军队未到之前，她早已预见到自己凶多吉少，于是她在迪尔文城堡早已把大量的宝藏埋藏起来。这笔财宝主要有金币、银币以及处女军战士不愿佩戴的大批珍贵的金银首饰，数量极为可观。

普拉斯妲到底把它们埋藏到哪儿呢？处女军被全部杀死之后，后人就想到了这批珍宝。有人不断地在当年她们活动的地区挖掘，试图找到她们埋藏的珍宝，但始终没有找到。

随后，普热美斯家族以布拉格为中心建立的王朝依附神圣罗马帝国几百年。在普热美斯王朝统治波西米亚的几百年间，这几代王朝都没有忘记普拉斯妲和她埋藏的财宝。他们曾多次派人去维多夫莱山区搜寻这批宝藏，但每次都空手而归。进入 20 世纪以来，这笔宝藏又引起了一些现代寻宝者的注意。有人认为，它肯定被埋藏在捷克山区的某个地方。但到底在什么位置，却始终没有人能知道。

← 布拉格

Part 4 水下奇宝

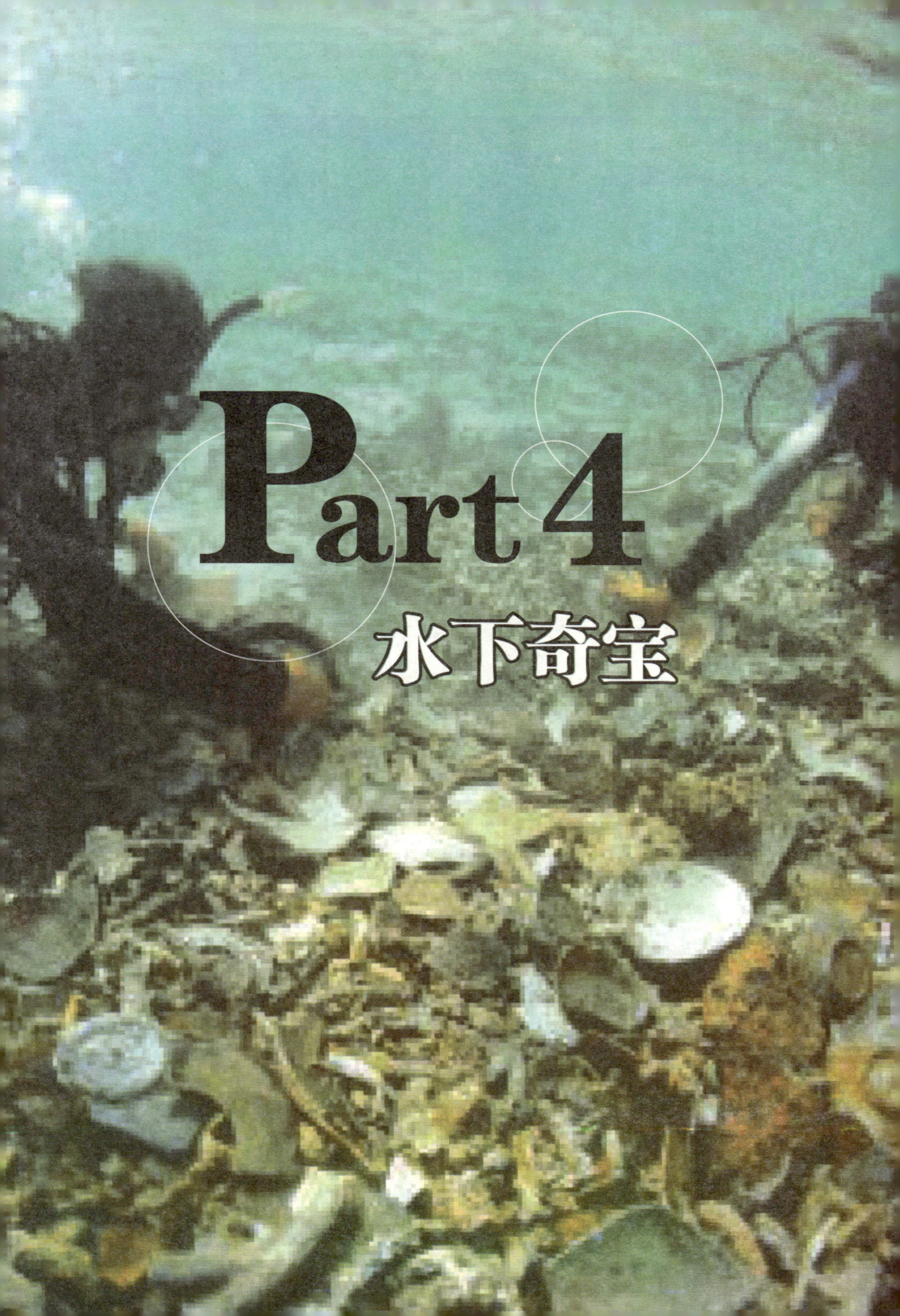

古希腊的海底城市异宝

　　在利比亚班加西北 200 公里的东部海岸，有古希腊建设的阿波罗尼亚港。阿波罗尼亚港是古希腊最大的殖民地之一，公元前 631 年建成，公元前 90 年左右，成为罗马统治下的北非粮食的重要输出港。在罗马时期发挥过重要的作用。这一古代港湾城市现在已大部分沉没于大海之中。

　　以弗莱明克为首的剑桥大学的考古调查团，在探明这座古代港湾城市规模、设施等后，于 1958 年、1959 年对这一被海水淹没的遗址进行了调查。由于水下呼吸器在英国的日益普及，使大学生潜水员能够比较自由地从事调查。他们利用平板测量的原理，在塑胶绘图板上绘出了由于地壳下沉或海水上涨而半埋于海底的这一港湾的第一张实测图。由实测图了解到，在水深 4 米左右的海底，有船体、码头、仓库、围墙等极为复杂的港湾设施，港口由几个岛屿和山丘形成一个椭圆形的海湾，海湾与地中海由一条狭窄的水路相连接。

　　港口分为内、外两港，内港修建了城堡，其上设置了瞭望台，周围以围墙护卫。特意修建的狭窄的水路等设施，具有抵御敌船入侵、加强防卫的意义。阿波罗尼亚发现的遗物之一是石锚。锚上部有直径约为 10

厘米的楔形孔。下部有与上孔相接的两个孔，这是船锚最原始的形式。在荷马史诗《奥德赛》中记载说，迈锡尼时代泊船使用的是沉重的石头。

1967年，调查团发现了希腊的海底城市埃拉弗尼索斯（毛莱半岛南端）。第二年，弗莱明克进行了调查。参加工作的还有凯恩布里基大学的调查组，他们使用吊在气球上能够从遗迹现场附近的空中进行远距离摄影的照相机，制作了遗迹的平面测量图。从海底发现了迈锡尼时代的街道、房屋群、石棺以及古希腊青铜时代的钵等遗物。由此分析，这一城市在古希腊青铜时代初期即已建成，是目前所见最古老的海底城市，在通往克里特岛的贸易之路上占有重要的位置，是输出沃泰加湾周围富饶沃野所出产农作物的重要商业港。埃拉弗尼索斯这一地名，曾在古希腊地理学家巴乌撒尼亚斯编撰的《地志》中出现，现在此地名为巴普罗·拜特利。

关于水下古代城市最新的例子是1980年在苏联的里海东北部的曼库伊西拉克发现了传说中被海水淹没的繁荣的古代城市遗迹。苏联的考古学家们在这一海底（里海北端的古里耶夫市东南150公里）发掘，结果发现了中亚地区传统的黏土制成的陶器及居住址、玻璃装饰品、铸造物等。这座城市似乎即为14世纪时与中亚地区进行贸易活动的商人在地图上标出的"拉埃迪"。这一发现提供了目前正在后退的里海海岸线在遥远的古代急速变化的珍贵资料。

西班牙珍宝船队之谜

　　西班牙珍宝船队是指从 16 世纪开始，由西班牙组织的，定期往返于西班牙本土和其海外殖民地之间，运送贵金属和其他特产品的大型船队。运输的货物包括金银、宝石、香辣料、烟草、丝绸等，西班牙皇室可以从货物中抽取 1/5。

　　从哥伦布 1492 年的第一次远征开始，西班牙就开始源源不断地从

← 哥伦布登上新大陆

新大陆获取贵重资源和土特产品。1520年后，为应对逐渐增多的私掠行为和海盗攻击，西班牙决定将分散的运输船组织成两支定期航行的大型船队，并为之配备了重武装。这两支船队皆从塞维利亚（1707年后是加的斯）出航，装载着欧洲的货物（此后还有奴隶），其中一支前往古巴和墨西哥，另一支前往南美大陆（主要停泊在卡塔赫纳和波多贝罗）。完成贸易和货物装卸后，两支船队在古巴的哈瓦那会合并返回欧洲。

珍宝船队通常包含有两支：一支是加勒比珍宝船队，由西班牙本土前往美洲新大陆（主要停泊港口包括哈瓦那、韦拉克鲁斯、波多贝罗、卡塔赫纳）。另一支则往返于亚洲菲律宾和墨西哥西岸的阿卡普尔科之间，被称为马尼拉船队，负责将亚洲的货物送到墨西哥。之后，来自亚洲的货物会被运送到韦拉克鲁斯并最终由加勒比珍宝船队运回西班牙。

这样的垄断持续超过两个世纪，也使得西班牙成为欧洲最富有的国家。西班牙哈布斯堡王朝利用这些财富在16和17世纪进行了频繁的战争，其对手囊括了奥斯曼帝国和大多数的欧洲主要国家（除了神圣罗马帝国）。但是，从殖民地大量流入的贵金属终于在17世纪引发了欧洲的价格革命，并逐渐摧毁了西班牙的经济，同时也造成了美洲贵金属的减产。

珍宝船队1550年时只有17艘船，而到了16世纪末已有超过50艘西班牙大帆船（又名盖伦帆船）。17世纪中后期，船只的数量减少到了巅峰时期的一半并继续萎缩。不过在17世纪的最后10年间，因为贸易和经济的恢复，船队得以再次扩大，并一直持续到18世纪西班牙波旁王朝期间。

从17世纪到18世纪中叶，西班牙美洲殖民地和西属西印度群岛不断受到其殖民对手的侵袭，使得西班牙的航路一直受到威胁：英国于1624年取得了圣基茨，1655年占领牙买加；法国1625年夺取圣多明戈（法属圣多明戈，即现在的海地）；荷兰 1634 年占领库拉索。1739 年，英国海军上将爱德华·弗农袭击了波多贝罗。1762 年英国占领哈瓦那和马尼拉更迫使西班牙暂时放弃了组织大型运输船队的模式。不过随着哈瓦那和马尼拉 1764 年重归西班牙控制，珍宝船队在大西洋和太平洋恢复了航行。

1765 年，西班牙国王卡洛斯三世开始逐渐放松贸易管制。1780 年后，西班牙开放了殖民地自由贸易。1790 年，负责管理殖民地贸易的机构关闭，这一年也是珍宝船队定期出航的最后一年，之后的运输任务则由海军船只单独、分散承担。

尽管很多人认为有大量的西班牙运输船只被英国或荷兰的私掠者夺取，但实际上只有很少的船只遭此命运。只有荷兰人皮特·海因（Piet Hein）于 1628 年马坦萨斯湾海战中成功夺取了西班牙珍宝船队并将货物安全运回了荷兰。1656 年和 1657 年，英国人罗伯特·布莱克（Robert Blake）在加的斯之战中曾摧毁过该船队，不过船上大部分货物已被西班牙人运上岸。1702 年，珍宝船队在维哥湾海战中再次被摧毁，但大部分的货物同样也被西班牙人安全运到了陆地上。所有这些战斗全都发生在近岸海湾，没有一次发生在外海。至于马尼拉船队，历史上只有 4 艘船被夺取。虽然战斗和风暴（1622、1715 和 1733 年船队遭遇过大风暴）造成了一定的损失，但总的来说，珍宝船队仍然是历史上最成功的大型海军行动。

水下古城的宝藏之谜

　　20 世纪 70 年代初期美国曾拍了一部电影《岛的女儿》，至今仍使不少人对于在海中产生的奇闻异事产生了浓厚的兴趣。故事发生在爱琴海的休德拉小岛上，一位以采捞海绵为生的人潜入水中之后，发现了骑在海豚上的"少年黄金像"。接着，由于脚踩在钉子上而发现了一艘 2000 年前的沉船。当然，故事是虚构的，但围绕少年黄金像引发起人们的占有欲这一情节，说明在海底发现的这一古代文化遗产十分贵重，因而扣人心弦，令观众极为感动。事实上，在爱琴海的海底，自 20 世纪初期，由于采集海绵，已发现很多古希腊雕像的精品，这更加激起了世界各地广大寻宝爱好者的广泛兴趣。

　　不管对以上叙述的事实是否理解，只要你发现沉眠在海底的古代文物有重大历史和文化意义，就会试图拉开那遮挡遥远历史的帷幕，以便更清晰地观察古代世界。学问是没有界限的，只有不断地清除各种传统的清规戒律，才能更容易地完成以前认为无论如何也办不成的事情。当前，水下考古学迫切期望着广大民众都能认识到，人类已走到了破解那诱人的海洋之谜的大门口。

　　沉没在大西洋的所谓亚特兰蒂斯大陆的传说，迄今为止已为无数著作引用和讨论过，然而，自远古以来，大海给人类带来了无穷的苦难和数不清的灾害。亚特兰蒂斯大陆的传说绝不是偶发事件，而是无数次悲惨灾害的象征。

在 7 个大洋的海底，蕴藏着很多与人类活动有关的实物证据。它们由于飓风、洪水、地震或者水位上升等各类自然灾害的影响而沉没海底，消失得无影无踪。从以前的发现看，在海底有相当多沉没的城市、聚落、港湾、岛屿等。

自人类青铜时代掌握以航海作为海上的交通手段以来的几千年间，不知有多少船只为波涛所吞噬而沉入大海。

根据水下考古学的研究，最为著名的海底宝藏所在地，当属在地中海所发现的古代海底城市和港湾遗址，其中之一是公元前 373 年，由于地震而沉于海底的希腊的科林特湾沿岸的埃利凯。另外两个古代港湾遗迹就是至今仍沉睡在海底的腓尼基的西顿（今黎巴嫩的赛达）和推罗（今黎巴嫩的苏尔）。当然，世界范围内的海底城市远不止这些。

对埃利凯的最后一段历史，古希腊的地理学家和历史学家做过生动的描绘。亚里士多德（希腊哲学家，公元前 384 ～前 323 年）曾记述过有关事实，巴阿尼亚斯（希腊旅行家，生活在公元 2 世纪）的《希腊导游记》对此做了详尽的记录。

据说在埃利凯，有伊奥尼亚人建立的海神波塞冬大神殿。海神波塞冬的信仰在这里是绝对至高无上的。由于亚细亚人的入侵，这座重要城市遭到践踏蹂躏，神庙也荒废了。波塞冬一怒之下，马上将地震的灾难降临于这个城市。眨眼之间，埃利凯就被大海吞没了。大陆的深处都成为一片汪洋，连树尖也没于海水之中。这场大灾难之后，过往的船只可以看到水下的森林和成排的街道，只有波塞冬的大青铜像依然威风凛凛地挺立着。

　　可是埃利凯究竟在哪里，历来是历史上的一大疑案。希腊的考古学家和古物学家为打捞与之相关的遗物，一直在以科林特湾为中心的地区进行海底调查及资料收集工作。根据声呐的探测结果终于得知，由于1870年的地震使这一带地壳又下沉了10米以上，而周围的河流向科林特湾注入的大量泥沙将埃利凯完全覆盖了。这使人感到解开埃利凯之谜似乎更加遥远了。

　　1973年，马萨诸塞工业大学的哈罗尔德·埃金顿和希腊文物局的斯比里顿·马里那托斯进行了声呐探测及探沟式发掘，发现了类似波塞冬神殿的遗迹。然而由于遗迹在水深50米的海底并覆盖有两米厚的泥沙层，只有在进行了长期的调查工作之后才能再对神殿遗址进行发掘。

　　除此之外，M.N.杰姆逊在宾夕法尼亚大学的支持下，在希腊的阿尔肯里斯半岛尖端附近的海底发现了哈利埃伊斯遗迹，自1962年预备调查开始至1970年的调查结束，使海底城市和阿波罗神殿的局部得到确认。

大西洋里的珍宝

在佛罗里达州大西洋岸边有一些奇怪的景象，每次风暴之后的第一个早晨，就可以看见许多寻宝者在沙滩上仔细搜寻，希望发现一些东西。而这些东西大多来源于近岸暗礁及浅滩上冲上来的西班牙沉船残骸。据统计，在佛罗里达州海岸，约有 1200～2000 艘沉船。其中有许多艘的时代可以追溯到西班牙运宝舰队横行大西洋到达南美洲的时候。

直到现在，还有人在寻宝。佛罗里达州一位业余寻宝人华格纳因此

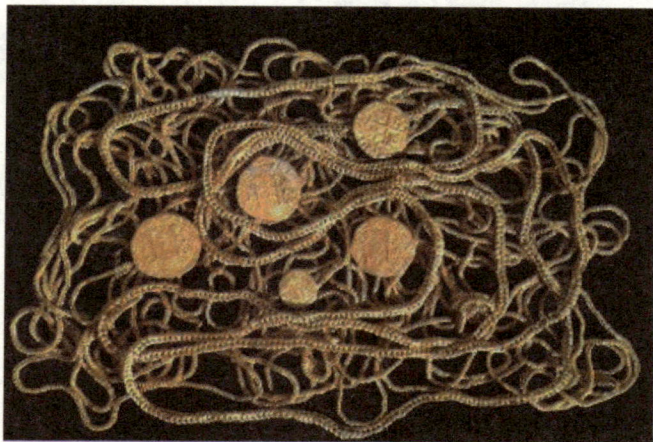

← 佛罗里达沙滩发现的宝物

而享名于世。华格纳于 1949 年迁到佛罗里达州沿岸，听到朋友在海滩上找到钱币的故事后，他对西班牙沉没的舰只大感兴趣。他从陆军剩余物资中买到一架地雷测探器，在卡纳维拉岬南约 25 里的塞巴斯丹与瓦巴索之间的海滩上，找到 1715 年～1949 年铸造的大量钱币。从钱币发现的地点，他有了关于沉船地点的一套理论。钱币集中在沿岸不同地点的小水道里，他猜想在每个地点都有一条沉船。

华格纳和一位同事凯尔索在美国各图书馆及研究机构广泛研究，凯尔索在国会图书馆的珍本书收藏室找到一本重要书籍《东西佛罗里达自然历史简介》（1775 年出版）。它描述 1715 年西班牙舰队船只遇难情形，并提及"沉船里可能还有很多西班牙壹圆及两圆银币有时被潮汐冲上岸"。

他们两人与塞维尔的西班牙海军史迹馆馆长取得联络，馆长供应他们 3000 张古代文件缩微胶卷。经过研究翻译后获知 1715 年海难及打捞工作的全部经过，以及许多残骸的大略位置。

看起来华格纳好像已经找到了有关西班牙沉舰的线索。但是要打捞藏宝还需要许多年的工作。佛罗里达沿岸气候不佳，每年仅有几个月能进行打捞，因而使这项工作更加困难。华格纳首先在卡纳维拉岬搜查当年西班牙打捞队营地及仓库，用地雷测探器在海滩后面的高地经过多日细心搜寻后，探得一艘舰上的大铁钉和一枚炮弹。他在现场挖掘并把一块 1000 米大的遗址绘入地图。随后更多的炮弹、中国陶器碎片和一枚镶有 7 颗钻石的金戒指陆续出土。

从记录中，华格纳知晓在高地遗址对面有一艘沉舰。他花了许多天时间，戴上自制面罩浮在一个汽车内胎上，向污泥和海草里仔细采探，最后发现一堆炮弹。潜水下去又发现一个大铁锚，终于找到第一艘沉舰。现在他已知道这些古物从上面看是个什么样子，于是立即租了一架专机，从空中逐一细看暗礁及浅滩，寻找其他沉舰。他的空中搜寻工作很成功，把许多艘沉舰的地点都绘入地图里。

1959 年，华格纳召集几位精于潜水的友人，成立一个"八瑞公司"。当时西班牙 1 个比索等于 8 个瑞尔，比索是大银币，瑞尔是小银币。他们向佛罗里达州申请取得享有寻获物 75% 的权利。他们利用一艘旧汽艇和一部自制捞泥机，奋力工作了 6 个月，但毫无所得。

他们的热情顿失，公司也快要破产了，但最后有一位潜水员浮上水面紧握着 6 根楔形银块。其他人都大喜过望，潜入水去，看看究竟能够在海底找到些什么宝物。以后的几个礼拜人们又找到 15 枚楔形银块，然后华格纳决定到另一沉舰地点。从那时起，他的寻宝美梦，终于成为事实。

在第二艘沉舰工作的第一天，发现一批数量惊人的银币，统计价值 11 万美元。随后在暴风后的一天，华格纳带着侄儿到海滩仔细探查。当华格纳拾捡钱币时，他的侄儿找到一条金链，长 50 厘米。此链共有 2167 枚金环扣在一起。一条做工精致的金龙缀在金链上，龙嘴张着，是一个可吹响的哨子，龙背上用摺合铰装着一支金牙签，龙尾可以作耳挖。这件宝物后来鉴定是属于当年乌比雅将军本人所有，售得 5 万美元。

发掘工作继续数年，公司组织扩大，海底寻宝最惊人的一次发现，或许是他们捞到几近完整无损的 30 件中国瓷器。西班牙人用的特制的"白墩子"瓷土包装这些精致的碗、杯，以防破碎。

1965 年 5 月 31 日，他们使用自己发明的一种机器，从船的推进器向下方喷射强大水流，能把海底的一层泥沙吹去，又不致吹动他们相信沉在海底的珍贵财宝。当海水澄清后，华格纳和他的同事望向海底，目力所及，遍地都是金币，顿时看得目瞪口呆。1967 年华格纳把财宝拍卖，获得 100 余万美元。

中国海洋下埋葬的珍宝

一、西沙海域的古代沉船

1998 年的夏天，琼海 00389 号船拖着一只小艇，艇后漂浮的水手通过水镜仔细向海下搜寻。忽然，几座石雕吸引了他的目光，仔细一看，是一只整服威仪的文官雕像，头部已断落，颈上长着一株珊瑚，旁边还卧着一头石狮。他兴奋地抬手击水发出信号，在船上焦急守候的人顿时来了情绪，并有序地投入到水下录像、测绘、打捞遗物等工作中。这是探访西沙群岛水下文物的一个细节。

中国水下考古者认为，目前中国水下考古的主要任务是重现久已消失的海上丝绸之路，而寻觅西沙群岛的水下遗物尤其是沉船遗址，是再现海上丝绸之路的一个重要途径。1975 年，广东省考古工作者在西沙调查时发现了为数不少的唐人青釉罐和青釉碗，便是当时沉船遗留下的物证。宋元明时期，西沙群岛的暗礁仍是阻碍频繁往返的中外船只的一道天然屏障。根据明朝郑和七下西洋的示意图，每次都由南京出发经福建、台湾海峡、南海至越南南部，西沙群岛正是这条主航路的必经之地。

← 辽宁绥中三道
岗沉船出水瓷器

二、辽宁水下的元代瓷器和铁器

中国海上丝路，也即中国古代的航海活动及航海贸易大致有两个方向。一是由今广西、广东、福建及浙江一带的港口出发，面向东南亚、南亚乃至西亚；另一是由渤海湾及东部沿海海口出发，至朝鲜半岛、日本列岛。辽宁省绥中县三道岗海域元代沉船遗址属于第二条航线。1991 年 7 月，绥中县大南铺村的渔民在捕鱼时打捞出一批古代瓷器，县文物管理所闻讯后征集到 584 件，初步鉴定为元代磁州窑的产品。历博水下考古研究室接到消息后随即赶赴打捞出瓷器的地点进行第一次水下考古调查，初步断定为一沉船遗址，并拉开了绥中三道岗元代沉船水下考古调查的序幕。

寻找辽宁绥中水下沉船遗址时，人们检测到一号点水深 11.1 米，水下有大致呈南北向条形物，长约 25 米，宽约 5 米，类似于船体结构。该海域水下地貌复杂，有三道大的沙岗，只有在通大潮时才露出水面。其他小沙岗星罗棋布，形似暗礁，对来往船只形成很大威胁。遗址中的沉船是一艘满载元代磁州窑瓷器和铁器的商船。船长约 21 米，宽约 6 米，船体已被小虫吃掉，只剩下船体中和散落在周围的大量元代铁器和瓷器。从残存情况观察，原来船舱内是将铁器置于下层，瓷器覆盖在上面，故散落在周围的主要是瓷器。瓷器大部分是磁州窑的典型器物，并不乏龙风罐、婴戏罐一类精品；也有纯白釉的梅瓶，仿建窑的黑釉瓷器和绿釉瓷。现在散落的瓷器已大都打捞出水，仅完整的磁州窑瓷器就有 1000 余件。根据资料对比，可推断装运的瓷器产于磁县观台窑。同船铁器很可能与瓷器产自同一地区，因磁县在宋元时期也是全国主要的冶铁地点之一，但经过 700 余年的海水浸泡，铁器已被锈蚀磁结成火块。根据沉船现存主体的体积推测，这条船的载重量应在 100 吨左右，而沉船的确切年代应是元代晚期。

三、世界上最古老的沉船

20 世纪 60 年代，当地渔民曾在山东长山列岛的南五岛与北五岛之间的砣矶岛附近的海域中，打捞出完整的岳石文化时期的陶罐，陶器表面布满沉积在上面的细小海生生物遗骸，可以肯定曾长久淹没在海水中。由于器物完整，可推测是当时随沉船而落入海底的。岳石文化距今 4000 年左右，如果这里有岳石文化的沉船，那将是现今世界最古老的沉船。1979年，在山东庙岛群岛黑山岛附近的海域找到了汉代遗物，又在庙岛西海塘近岸处的海底，发现了数片龙山文化和岳石文化的陶片。当然还有一些明清时期的青花瓷器。这些零星的发现，虽然不属于沉船遗迹的范畴，但至少提高了这一带海域中存在岳石文化乃至龙山文化沉船的可能性。

四、元军大战遗留的沉船

从 1278 至 1279 年，宋元军队在海上先后进行了甲子门海战、中十字门（今珠海横琴岛与澳门三岛间的狭窄海道）海战，最后对崖门海战，宋军被元军包围，2000多战船只逃脱800艘，其余全部覆没。南宋宰相陆秀夫背负幼帝在临海的奇石上跳海自尽，南宋王朝遂告灭亡。

1991年至1992年，中国水下考古队员曾先后三次在银洲湖进行水下调查。在第二次调查时，使用旁侧声纳对奇石周围的海域进行寻找，确定了几个沉船点。第三次调查时，则在这些地点潜水取了一块船板，C14测定，年代为距今690年，正和史书所载的宋元海战年代基本相符。

台风、暗礁等自然灾害曾使那些漂泊的商船沉睡海底，战争等人为因素又增添了无数水下遗迹。据专家估计，在中国沿海有不少于3000艘的古代沉船。然限于人手和财力，目前已着手挖掘的古船遗址尚不足沉船总数的1/100。

张献忠的珍宝之谜

1939 年，幸蜀峰带领工程技术人员在望江楼下的锦江江底进行挖掘，历时 3 个月，先后挖到了刻有"张"字的石条、石牛、人骨以及大顺通宝，也就是张献忠那个所谓的大西政权的货币，可惜之后什么也没有挖到了，那么张献忠的目的到底是什么呢？

四川省民俗学会副会长袁庭栋分析认为："有可能是张献忠有意为之。我过去研究张献忠时，发现他经常和明军开玩笑。就是经常给设一个套，让你去钻。"巴蜀研究专家袁庭栋认为，望江楼的这个"伪藏"，是张献忠有意而为的杰作，因为根据他的研究，类似的迷魂阵法，张献忠曾经多次使用过。

那么，既然望江楼宝藏是假，为什么成都还会流传"石牛对石鼓，金银万万五"的民谣呢？袁庭栋认为："有可能他要离开成都的时候，故意留下这么一个顺口溜，让你们去折腾吧。"他推测，当明军还在望江楼手忙脚乱地挖宝时，巨额金银也许早已航行在出川的水路上。

1646 年春天，张献忠率军借水路撤离成都，而江口则是他的必经之地。根据记载，江口水战的战场是从江口镇北端的河口，直到镇南的邬店渡口之间，这个范围刚好把岷江大桥囊括在内。而 7 枚银锭就埋在桥底，

← 张献忠铸钱

并且文物工作者也是根据地理位置的重合推断，银锭就是张献忠沉在江口的。

根据彭山民间传说，当年，张献忠为了带走巨额的金银财宝，特意设计出一种神秘的青冈木筒作为藏宝箱。这个说法虽然有些捕风捉影，但民俗学的研究表明，但凡民间故事必有原型，所以青冈木筒藏银，也许不完全是空穴来风。

并且彭山发现的大银锭，的确是装在青冈木筒中的。根据文物专家推测，由于青冈木质坚硬，不易腐烂，所以它非常适合装载需要水运的物品；青冈木虽然经过了加工，但却完整地保留了原木的外形，所以非常隐蔽，不容易被人发现；当时张献忠既要提防士兵哗变哄抢财宝，又要防止财宝被敌军掠走。所以，用青冈木筒装银，其实最合适不过。

一份由王纲保存的明末笔记中，记载了江口水战的一个秘密：战胜方明军曾经从岷江河底捞出了几百万两金银，而将军杨展因这笔意外之财而一夜暴富。但袁庭栋却认为，笔记的真实性非常值得怀疑，因为同时期史料对张献忠的描述，荒谬之处比比皆是。然而，民间笔记并不是此事的孤证，官修史料《大清历朝实录》也记载了类似的事情，乾隆年间，四川总督孙士毅奏称，在短短一年时间里，江口村民竟然从河里捞出了3000多两白银。

2005年4月20日，四川省彭山县，岷江大桥施工工地，工人在桥底挖出了7枚重50两的明朝官银，这个偶然的发现，揭开了一个巨额宝藏的惊天秘密。深入调查却发现，300年间江口曾经陆续出土了大量珍贵的明代金银器，并且这些东西都跟张献忠有密切的关系。难道传说中的"张献忠巨额宝藏"就在江口吗？一时间，"江口有宝"成为众说纷纭的焦点话题。其实早在1993年，彭山县就曾秘密邀请了一支物探队伍，在江口河道进行了细致的探查，但奇怪的是，当事人对这次物探结果却始终秘而不宣。

1993年，李明雄和队友在江口进行拉网式探测，探测范围从江口镇北端500米处开始，顺流而下，直到江口镇南端的邬店渡口。用200米的测线，寻找巴掌大的银锭，李明雄对此并不抱任何希望。"当时应该说不是很有把握，特别是水上作业。"但李明雄万万没有想到，就在第3天，意外惊喜出现了。李明雄介绍："发现第一处异常反应，大概是在第三天，就是M1异常。M1异常是指磁法、电法都有异常显示。老乡说在发现异常的地方，曾经有人在河底里捞起了一把官刀，就是将士用的那种刀。"但更让他没想到的是，7天内惊喜接二连三地出现。他们当时一共发现了七处异常。

但是所谓的异常物到底是不是张献忠的金银财宝呢？这个秘密，10

多年来李明雄始终守口如瓶。直到 2005 年，岷江大桥挖出 7 枚 50 两重的明代官银，这时人们才突然发现，银锭的位置，刚好就在李明雄发现的 7 处异常内。

2009 年 4 月 28 日，为了彻底解开巨额沉银之谜，国内一流的物探队——中国地质大学的物探专家来到江口镇，他们借助科技手段，找到金银沉落的精确位置，而李明雄也受邀参加。

江口沉银散落在 3000 米长的河道当中，1993 年李明雄第一次进行勘探的时候，用 200 米乘以 100 米的大网度，还用了整整一个星期的时间。专家们决定，不进行这种大撒网式的方式了，最终锁定 M3。

李明雄凭借记忆找到 16 年前曾经探测的 M3 的大概位置，而随后物探发现，这个点的异常反应非常强烈。这令在场的工作人员感到既兴奋又紧张。但为了判断准确，工作组还是在左右两边加密了网度，结果仍是异常。现在可以确定，这个点就是 M3。于是，物探队以 M3 为基准，布一条纵向剖面和一条斜向剖面进行探测。

在彭山县江口镇，物探队专家们试图再次通过实验来估算 M3 金属物总量。于是在河滩空旷地带，挖掘机首先挖出了 3 米深的试验场。工作人员用跟银锭同样大小的铁块替代银锭进行试验，并将铁块按已知的 M3 埋藏方式丢进试验场。

最令人兴奋的一刻终于到来了，试验铁块约 10 千克，形成异常为上千数量级。但 M3 的异常是上万数量级，这意味着，M3 的金属物总量，至少是 10 千克的 10 倍以上，也就是说，M3 异常物仅重量就达到 100 多千克。几经周折，物探队终于还原出最真实的 M3，M3 散落在长 7 米，宽 2 米，深 3 米到 5 米的范围内。如果这些宝贝都是金银器，那么从体积上算，它们将至少能装满一辆运输卡车，而宝贝的文物价值将更是无法估量的。

但是 M3 的数量说明，张献忠并没有把所有金银全丢在这里。那么，其他金银财宝又在哪里呢？

清军打扫战场，收获颇丰。但四川史料关于此事的记载竟然非常模糊。如果清军藏宝是真实的，为什么在历史上却没有留下任何痕迹呢？谢元鲁给出了解释："这种情况就是说打胜仗的军队把战利品收归己有，而且并不上报，但也把它隐瞒起来，历史上相当多。"

历史总会有奇妙的巧合与轮回，就在清朝末年，湘军攻打太平天国，同样把金银满库的天京城洗劫一空。但是，清王朝却收到曾国藩的汇报说，偌大的天京城里，连一两碎银子都没有找到。张献忠的巨额财宝送到哪里了呢？也许，散失在那个战乱的年代，另外一种可能，就像前面我们有的专家所说的，其实他的财宝早在那个年代就已经被当时的乱兵所瓜分了，真正的财宝，可能早就流落于民间了……

西班牙"圣荷西"号沉船的珍宝

　　1708 年 5 月 28 日，是一个晴朗的日子，一艘西班牙大帆船"圣荷西"号缓缓从巴拿马起航，向西班牙领海驶去，这艘戒备森严的船上载满着金条、银条、金币、金铸灯台、祭坛用品的珠宝，这批宝藏据估计至少值 10 亿美元。当时，西班牙正与

↑　西班牙"圣荷西"号沉船

英国、荷兰等国处于敌对状态，英国著名海军将领韦格正率领着一支强大的舰队在附近巡逻，危险会时时降临。然而"圣荷西"号船长费德兹全然不顾，一则他回国心切，二则他过于迷信偶然性的幸运，竟天真地认为：大海何其广大，难道会这么巧遇上敌舰吗？

　　"圣荷西"号帆船平安行驶了几天，船长显得轻松自信了，直至 6 月 8 日，当人们惊恐地发现前面海域上一字排开的英国舰队时，全都傻了眼，猛然间，炮火密布，水柱冲天，几颗炮弹落在"圣荷西"号的甲板上，海水渐渐吞噬着这巨大的船体，"圣荷西"号连同 600 多名船员以及那无数珍宝沉往海底。沉落地点经无数寻宝者的测定，终于有了一个大概的结果：它大约在距哥伦比亚海岸约 25.8 公里的加勒比海 225.6 米深的海底。

↑ "圣荷西"号沉船珍宝

俗话说："近水楼台先得月。"1983 年，哥伦比亚公共部长西格维亚正式庄严宣布："圣荷西"号是哥伦比亚国的国家财产，不属于那些贪得无厌的寻宝者。人们估计，哥国政府已经勘察出沉船的地点了，尽管打捞费用高达 3000 万美元，但它与这批宝藏相比就算不了什么。今年，打捞可能开始进行了。结果如何，仍是未知数。

纳粹太保的沉船宝藏之谜

　　第二次世界大战期间，希腊的北部港口城市达萨洛尼卡是犹太裔希腊人的聚居地。德军入侵希腊后，一个名叫马克斯·默滕的纳粹盖世太保高级军官向当地的犹太裔希腊人发出威胁，称只有交出自己的钱财，才可以免于被处决或被送往集中营。犹太裔希腊人不得不将自己的财产和宝物倾囊拿出。就这样，价值无从估计的财物珠宝全落入了默滕的手中。1943 年，德军开始节节败退，默滕将搜刮来的金银珠宝装上一艘渔船逃走。当船只行驶到希腊达萨洛尼卡海域时，遭遇事故沉没。

　　1999 年，自称"X 幽灵"的不明人士声称，他曾和默滕住在一间牢房之中，两人一起度过了两年的铁窗生涯，他得到了默滕的信任，并取得了沉没地点的详细资料。希腊《民族报》率先披露了此事，大多数媒体则称宝藏中有 50 箱金银珠宝，其价值更达到了惊人的 25 亿美元。自此打捞工作被提到议事日程上来，并立即引起了各方的关注。可是在接下来的打捞过程中，潜水员们并却没有找到沉船。打捞人员甚至动用了先进的声呐定位系统，但至今依然一无所获。纳粹运宝渔船的准确沉没方位，至今仍是一个谜。